STEFAN GÄRTNER

Deutschlandmeise

Streifzüge durch ein wahnsinniges Land

Atrium Verlag · Zürich

Für die schönste Ehefrau von allen

Muß sich angesichts solcher Tatsachen aber nun nicht Jeder
nachdenklich fragen: Was stimmt denn hier nicht?
Arno Schmidt: Deutsches Elend

Ich lege hier für den Fall meines Todes das Bekenntnis ab,
daß ich die deutsche Nation wegen ihrer überschwenglichen
Dummheit verachte, und mich schäme, ihr anzugehören.
Arthur Schopenhauer

Öffentlichkeit und Staat werden immer verrückter.
Erich Kuby

Ein Wahnsinn schon wieder alles.
Heinz Strunk

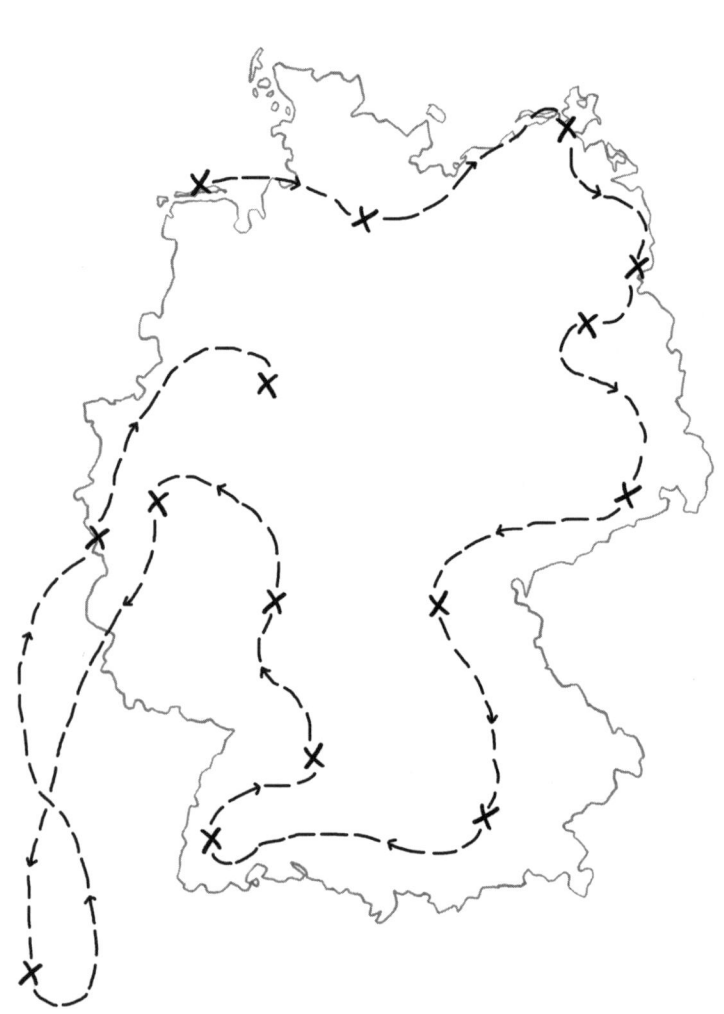

Inhalt

Start

*Da der Begriff des »Wahnsinns« in Europa historisch zum
einen in unterschiedlichen Kontexten mit unterschiedlichen
Bedeutungen verwendet wurde, er zum anderen rückblickend
auf verschiedene Phänomene angewendet wird, ist er ein
medizin- und kulturgeschichtlich nur schwer eingrenzbares,
kaum zu definierendes und zum Teil widersprüchliches
Phänomen. Welche Normabweichungen noch als »Ver-
schrobenheit« akzeptiert wurden und welche bereits als
»verrückt« galten, konnte sich abhängig von Region, Zeit und
sozialen Gegebenheiten erheblich unterscheiden.*

Der Gedanke, Deutschland sei nicht dicht und ich müsse
dringend Konsequenzen aus dieser Tatsache ziehen, er-
eilte mich an einem Tag im Sommer 2011. Ein halbes Jahr
vorher hatte das Telefon geklingelt, und mein Lektor war
dran. Er habe da eine Idee, ob ich Zeit hätte?

Ich hatte.

Ein Deutschlandbuch sollten wir miteinander machen, eine irgendwie polemische Rundfahrt durch die
Heimat, ich sei doch schließlich ein ausgefuchster Zeitdia-
gnostiker und Top-Essayist, und die fortgesetzte Desastro-
sität und Debakelhaftigkeit deutscher Zustände – Stuttgart 21, Hartz IV, Merkel – zu illustrieren und analytisch

aufzuhellen gebe es doch praktisch niemand Besseren als mich. Er, mein Lektor, sehe das alles schon vor sich bzw. solle ich mir das doch mal überlegen, Arbeitstitel etwa »Katastrophe Deutschland« oder »Deutschland am Arsch«, so ein Buch sollten wir unbedingt miteinander machen, es liege an mir.

»Hm«, sagte ich im Wissen, daß Reisebücher immer gehen, weil es den allermeisten Menschen zu Hause viel zu langweilig ist und sie sich gerne von den Vorgängen, die jenseits ihrer Zuständigkeit liegen, Mitteilung machen lassen. Außerdem kommt man als Autor von Reiseliteratur herum, und ich bildete einen Satz mit dem Hauptwort »Spesen« und hoffte, nicht allzu verdruckst zu klingen, verkaufen kann ich nicht so gut. Aber zweiter Klasse im ICE durch Deutschland, das war doch nicht zuviel verlangt, ich würde auch auf den Bahn-Kaffee verzichten, so schade wär's ja darum nicht.

Mein Lektor machte gut hörbar eine abwehrende Geste. Das sei doch gar nicht nötig, meine Meinungen würde ich mir doch sonst auch am heimischen Schreibtisch bilden, überdies sei journalistischer Impressionismus doch von vorgestern. Ich solle mich einfach hinsetzen und loslegen. Es stehe doch eh alles in der Zeitung, und ich sei doch, in meinem Alter, gewiß zur Genüge herumgekommen. Ich solle froh sein, nicht Bahn fahren zu müssen, und falls doch, hätte ich doch (ich bilde mir ein, hier ein Hüsteln vernommen zu haben), für den Fall der Fälle, sicher eine Bahncard?

Wiederum: Ich hatte.

Mir fällt zu Deutschland nichts ein, dachte ich, machte aber bloß noch einmal »hm« und versprach, mir die Sache »bis zum Sommer« durch den Kopf gehen zu lassen.

Was ich die Monate bis zum Sommer tat, ist eine andere Geschichte und soll ein andermal erzählt werden; aber obwohl ich ein äußerst geübter Aufschieber bin, war eines Tages beim besten Willen nichts anderes mehr zu tun. Alle tagesaktuellen Artikel waren verfaßt, das Bad war gereinigt, die Wäsche auf der Leine, und ich hätte schon Fenster putzen müssen, um noch einen zureichenden Grund zu haben, mich einen weiteren Nachmittag vor der Planung meiner imaginären Deutschlandfahrt zu drücken. Aber Fensterputzen ist die einzige Art von Reinigungstätigkeit, die ich nicht mag (sehr im Gegensatz zu Staubsaugen; ich liebe, ganz wie der verstorbene Schauspieler Horst Frank, Staubsaugen und verstehe überhaupt nicht, warum die Leute das neuerdings von *Robotern* erledigen lassen), und im übrigen war ja zunächst einmal ein Titel für das Buch zu finden, und das ist immer eine erfreuliche Aufgabe.

Es ist nämlich – anders als der Laie vermuten mag – keineswegs so, daß Namen bloß Schall und Rauch sind und einem Buchwerk erst zuletzt, im Sinne einer Marketingmaßnahme, aufgeklebt werden. So wie der Titel eines Gedichts sein »präformierter Inhalt« ist (ich sehe den Dozenten der Germanistik, der, im akademischen Mittelbau melancholisch versandet, auf dieser Überzeugung ein halbes Semester lang leidenschaftslos herumritt, noch vor mir), so bestimmt der Buchtitel einen wesentlichen Teil dessen, was im Buch drinsteht, präformiert nicht nur den Inhalt, sondern auch den Ton, die Haltung, den »Dreh«. »Namen sind Realitäten erster Ordnung«, hat Prof. Carlo Schmid, einer der Erfinder des Grundgesetzes, gesagt. Sich einen Buchtitel ausdenken ist also wie das Buch schon schreiben, aber ohne den ganzen Ärger.

So schnell, wie der erste Titel gefunden war, so schnell war er verworfen, denn ein Buch des Titels »Deutschlandreise« – womit auf ein beliebtes Brettspiel angespielt wird – gab es natürlich schon. Roger Willemsen hatte es geschrieben, und laut Amazon geht es etwa so: »Mal ehrlich, was wissen wir von dem Land, in dem wir leben, von Deutschland? Haben wir eine Vorstellung davon, wie die Menschen fühlen, was sie bedrückt und freut? Deutschland ist eine Reise wert, und es gibt nicht wenig zu entdecken. Roger Willemsen hat diese Reise unternommen. Per Zug! Seine Auswahl ist subjektiv, man könnte vermeintlich wichtige Plätze vermissen. Aber darum geht es nicht. Das Deutschlandbild, das hier gezeichnet wird, ist ruhig und bedächtig. Keinesfalls schnell.« Usw.

Das alles fiel also aus, weil es das schon gab: Ich müßte (Stichwort Alleinstellungsmerkmal) ein Buch schreiben, das nicht *Deutschlandreise* hieße und in dem es nicht darum ginge, was die Menschen fühlen, was sie bedrückt und freut. Zu entdecken dürfte es auch nichts geben, meine Auswahl müßte streng objektiven Kriterien folgen, und die Zugfahrt, die hier so unbedacht als Sensation verkauft wurde – bei allen gerechten Klagen über die Deutsche Bahn, aber »Roger Willemsen hat diese Reise unternommen. Auf einem Zirkuselefanten!« wäre wohl das mindeste gewesen, das Ausrufezeichen zu rechtfertigen –, fiel, aus budgetären Gründen, ja eh flach.

Also, nächste Idee: »Was hat dich bloß so ruiniert? Fragen an die deutsche Nation«. Klang erst einmal sexy, aber so freundschaftlich bin ich Deutschland (oder »Schland«, wie die völligen Idioten sagen) nicht verbunden, daß ich es unbedingt duzen müßte. Und abgesehen davon, daß, wo schon kein Geld für Zugtickets da war, erst recht keins für Urheberrechtsstreitigkeiten mit der Band *Die Sterne* da wäre, wäre das, siehe oben, auch ein anderes Buch geworden; und ein ziemlich dickes obendrein. Die ganze deutsche Katastrophik *ab ovo* zu ergründen, das wäre eher was für Hans-Ulrich Wehler, wenn der nicht so staatsfreundlich wäre. Oder eben Gremliza; aber der hat auch so schon genug zu tun. Außerdem hatte ich ja gar keine Fragen an Deutschland, außer vielleicht der einen, großen, sich Tag für Tag aufs neue stellenden: ob es noch alle Tassen im Schrank habe.

Hoppla. Bzw. na eben! Ob Deutschland noch alle Tassen im Schrank habe: War diese Frage nicht schon die Antwort? Ich eilte zurück zu meiner Anfangsidee, denn erste Gedanken sind immer die besten, vor allem wenn man keine dritten hat. Und siehe: Plötzlich, der Nachmittag stand noch in voller Blüte, stand es da:
Deutschlandmeise
Heureka.

Damit hatten Titel und Buch, die bis zu dieser Sekunde noch gar nichts voneinander gewußt hatten, unversehens zueinandergefunden. Hatte Deutschland nicht tatsächlich einen Vogel, war es nicht wirklich verrückt? Wahnsinnig, gaga, durchgedreht? Manisch-depressiv, schizophren, das volle Programm? Mit einem Wort: *krank*? Las ich nicht jeden Tag, Woche für Woche, Jahr für Jahr vom unaufhörlichen, landesweiten, infinit brausenden Schwachsinn? »Elite-Grundschulen« mit 35 Wochenstunden und Chinesisch ab der ersten Klasse wurden von Münchner Geländewagenfahrern überrannt, während Studien jeden fünften 15jährigen als Analphabeten auswiesen. Berliner Abiturienten gaben Abschlußbälle für 50 000 Euro in Auftrag und mußten dem Veranstalter noch dankbar sein, daß der mit dem Geld durchbrannte und die Idiotie zur Posse dimmte. Die Frankfurter SPD prüfte allen Ernstes, die inferiore Pastoralnudel Käßmann für das Amt der Oberbürgermeisterin kandidieren zu lassen, und neuer Hamburger *Tatort*-Kommissar wurde einer, der dümmer war, als die Polizei erlaubt. Das Fernsehen bestand aus Krimi, Quiz und Talkshow, die Kanzlerin sprach Sätze, die Achtjährige mit einem Besuch beim Schulpsychologen bezahlen müßten, und ein sozialdemokratischer Hobbygenetiker wurde mit Überfremdungsgewäsch zum Auflagenmillionär. Eine Frauenfußball-WM wurde so lange »Sommermärchen« genannt, bis es jeder glaubte, obwohl die meisten, die da Fähnchen schwenkten, Turbine Potsdam für einen Energieversorger hielten, und die FDP gab es gegen jede Vernunft immer noch, und niemand konnte sagen warum. Die Welt, sie war ein Irrenhaus, und in Deutschland, wo *Bild* und *Spiegel online* als Leitmedien fungierten und der *Stern,* unabhängig vom Thema, nimmermüd' nackte Frauen plakatierte, mußte eine der Zentralen vermutet werden. Eine Regierung feierte einen Atomausstieg, den sie vor einem halben Jahr noch revidiert hatte, als Triumph ihrer Weisheit, in Stuttgart baute die Bahn einen Milliardenbahnhof für Züge, die sommers wegen kaputter Klimaanlagen nicht fuhren und im Winter nicht, weil die aus Spargründen ungeheizten Weichen festfroren, und um ein Haar wäre ein fränkisch-adliges Windei aus dem Gruselkatalog der Yellow Press zum Kanzlernachwuchs geworden.

Deutschland war, neben Österreich, das einzige Land,

in dem David Hasselhoff zum Star hatte werden können. Allein damit war alles gesagt; oder jedenfalls fast.

»Dummheit ist überhaupt keine Naturqualität, sondern ein gesellschaftlich Produziertes und Verstärktes« (Adorno) – Deutschland war von Sinnen, und wahrscheinlich rührte daher meine Unfähigkeit, einer geregelten Tätigkeit nachzugehen, mein Leben mit Elan zu füllen und nicht alle Abende auf dem Fernsehsofa zu verdämmern: weil mir das Land so lähmend auf die Nerven ging. Weil es sturheil deppert weitermachte. Weil immer alles immer dümmer wurde; oder jedenfalls nicht klüger. Die Menschen sagten *insofern,* wenn sie *deshalb* meinten, das Gebot, sich auf Autobahnen und Rolltreppen rechts zu halten, ignorierten sie tapfer, und plötzlich, wie bestellt, war in der Tagesschau schon wieder Käßmann:

»Margot Käßmann, die ehemalige Ratsvorsitzende der Evangelischen Kirchen Deutschland, erhält ein neues Amt. Ab Frühjahr 2012 wird sie Lutherbotschafterin und soll für das 500. Reformationsjubiläum im Jahr 2017 werben. Der Ratsvorsitzende der EKD, Nikolaus Schneider, stellte Käßmann in ihrem neuen Amt vor. Käßmann solle dem Jubiläum weiteren Schwung verleihen, so Schneider.«

Lutherbotschafterin. Was für ein Blödsinn das nun wieder war. War denn das verkitschte, vor Eigentlichkeit zitternde, gleichwie menopausale Gegargel, das Käßmann auf allen Kanälen als ordinäre Bibelbotschafterin verbreitete: »Zwischen unserer Sehnsucht nach Beheimatung und der Unsicherheit unseres Lebens gibt es einen tiefen Graben«, nicht schon unerträglich genug und sowieso der denkbar gröbste Gegensatz zum fröhlich furzenden

Lutherschen Klartext? Und welche Art *Schwung* sollte man sich von Käßmanns esoterisierenden Gratisreden versprechen? Und wieso »weiteren Schwung«? Gab es denn überhaupt schon irgendeinen Schwung, immerhin fünf Jahre *ante festum?* Vertrüge in diesem Sinne nicht auch der leidige Karfreitag weiteren Schwung? Und fiel es den treuen Evangelen nicht auf, wie sie hier hochoffiziell vereimert wurden?

»Ich bin eine Frau der Kirche, hier bin ich verwurzelt«, erklärte die derzeit in Bochum als Gastprofessorin lehrende Käßmann.« Beckenbauer steht ja schon in dem Ruf, ein Schwätzer zu sein, aber den Satz: »Ich bin ein Mann des Fußballs, da bin ich verwurzelt«, den hat man von ihm noch nicht gehört. Tiefer als Käßmann *geht nicht;* aber trotzdem ist sie wahrscheinlich eine der fünf beliebtesten Deutschen. Bzw. gerade deshalb.

Und so ging es hin. Jeden Tag. Es war dies alles kaum zum Aushalten.

Und Zufall oder nicht: Wenn ich die Lokalitäten, die sich als Haupt- und Nebenorte des einheimischen Wahnsinns empfahlen, mit einer gedachten Linie verband, so kam ich, wenn schon nicht im Zug, so doch gedanklich einmal rund ums Vaterland herum, damit den Ausgangsverdacht, Deutschland sei im Wahnsinn gefangen, aufs trefflichste ins Sinnbild setzend. Und heißt es nicht, man müsse sich seinen Dämonen stellen? War es nicht höchste Zeit, mich der autochthonen Geistesverlassenheit einmal vollumfänglich auszusetzen, zu Zwecken der Aufklärung einer- wie auch der persönlichen Standortbestimmung andererseits? Wie unbeschädigt war ich denn selbst noch? Hatte ich nicht eben erst 200 Euro für eine Dreischichten-

Autolackversiegelung ausgegeben? Hatte ich nicht (vor 15 Jahren, aber trotzdem) einmal Grün gewählt? Zahlte ich nicht sogar völlig vernunftwidrig und jeden Monat in das Versorgungswerk der Versicherungswirtschaft, die Riesterrentenkasse ein? Hatte ich also überhaupt das Recht, über die Mentalverfaßtheit anderer, eines ganzen Landes gar, zu urteilen? Oder war nicht genau das: daß ich selbst schon angefressen war vom allüberall waltenden Unfug, die beste Voraussetzung für eine getreuliche Abbildung der wahnhaft rasenden Landesverhältnisse? »Realismus ist: ein Stück Natur, gesehen durch eine Geisteskrankheit« – hatte nicht, wie meistens, Meister Rühmkorf recht?

Andererseits schien mir der Plan, eine Reise durch die Finsternis anzutreten, »umringt von menschlicher Mediokrität und bürgerlichem Kroppzeug« (Thomas Mann), so lange nicht verlockend, wie nicht wenigstens eine kleine Chance bestünde, dabei irgendwann auf Licht zu stoßen. Sich auf einer einsamen Insel aussetzen lassen, um dort das Überleben zu probieren, ist ja Unsinn, wenn man nicht weiß, daß man beizeiten wieder abgeholt wird und zu Hause in die Badewanne kann.

Also nahm ich mir vor, für die Dauer meines Ausflugs Optimist zu werden, soweit das einem Skeptiker wie mir nur möglich ist. Ich stellte mir vor, ich sei Chefarzt der Psychiatrie, der, wenn er morgens zur Arbeit fährt, zwar weiß, daß er es den ganzen Tag mit Verrückten zu tun haben wird, der aber, obwohl für jeden Verrückten, der geht, ein neuer kommt und der Wahnsinn niemals aufhört, die Hoffnung nicht aufgibt, am Ende des Tages etwas gefunden zu haben. Und sei es nur eine Diagnose.

Aber grau ist alle Theorie, und keine Approbation ohne Praktikum; und also setzte der Weltgeist, bevor er mich ans Notebook ließ, mich probehalber mit einem direkt aus dem Klischee gefallenen Kegelclub in ein Großraumabteil der Deutschen Bahn. Die Damen und Herren kamen hörbar aus dem Rheinland und waren auf dem Weg nach Berlin, und das, der ausufernd guten Laune nach zu schließen, bereits seit einigen Stunden, und ich mußte lernen, daß es sehr viele obszöne Lieder im Deutschen gibt. Und daß sehr viele Frauen in den besten Jahren diese Lieder kennen.

Einerseits war das natürlich schon wieder ärgerlich, daß zehn Krachmacher (und Krachmacherinnen) sich in einen mindestens ja halb öffentlichen Raum fläzten, Sekt in sich hineinkübelten und ohne Rücksicht auf irgendwelche Mitfahrer schweinische Lieder durch den Waggon schmetterten, in denen es regelmäßig um »Zapfen« und »Löcher« ging und sich »ich stoße« auf »Soße« reimte. Ich hätte gehen können; ich ging nicht, denn Grusel und Faszination pflegen bekanntlich gutnachbarschaftliche Beziehungen. »Nein doch«, wie es in *Mario und der Zauberer* so schön programmatisch heißt, »man soll bleiben, soll sich das ansehen und sich dem aussetzen, gerade dabei gibt es vielleicht etwas zu lernen.« Ich hatte ja auch einen Auftrag, und die Frage stellte sich von selbst: War der Kegelclub nicht eine der deutschesten Institutionen überhaupt? Und saß da also nicht das Vaterland im ICE und war ganz bei sich? Und bestätigte das nicht meine Prämisse, daß jedem Ärger, dem vaterlandskritischen zumal, ein Zauber innewohnt?

»Der Irrsinn ist bei Einzelnen etwas Seltenes – aber bei Gruppen, Völkern, Zeiten die Regel« – also machte ich mich, mit diesem Satz von Nietzsche im Gepäck, auf die Reise: ohne Geld, ohne Fahrschein und ohne jeden Schimmer, wie die Chancen stünden, meine mentaldiagnostische Rundfahrt unversehrt zu überstehen. Denn ich wußte: Schaut man nur lange genug in den Abgrund, schaut der Abgrund zurück.

Erste Station:
Baltrum, Ostfriesland

Ordnungszwang: Es wird versucht, in der Umgebung immerzu Symmetrie, Ordnung oder ein Gleichgewicht herzustellen, indem Dinge wie Bücher oder Nahrungsmittel nach strengen Regeln perfekt geordnet sind.

Die schönste Ehefrau von allen war urlaubsreif. »Ich muß mal raus aus dem Wahnsinn«, beschied sie mich.

»Du wirst lachen«, sagte ich. »Ich muß *rein* in den Wahnsinn.«

»Ein andermal, ja?« sagte die schönste Ehefrau von allen und lächelte bloß. »Wahnsinn ist Wahnsinn, und Urlaub ist Urlaub. Außer vielleicht am Ballermann. Laß uns doch sehen, wo man ohne viel Aufwand für ein paar Tage hinkommt. Meer wäre doch schön.«

Wir wohnten in Bielefeld, und meistens punktet Provinz ja mit ihrer schönen Umgebung. Ich will die Reize des Teutoburger Waldes nicht in Zweifel ziehen, es gibt sie bestimmt, und wem es im Sommer zu heiß ist und Regen eh lieber als Sonnenschein, der war bei uns gut aufgehoben. Aber im Urlaub will ich, wie alle anderen auch, mal raus aus dem Trott, und das heißt: Meer oder Berge.

Vor Jahren, als ich noch nicht verheiratet war, entwickelte die deutsche Nordsee plötzlich einen frivolen Reiz, so wie es ein alter Opel Kadett tut, wenn er nur alt genug ist, daß der Großvater damit gefahren sein könnte. Nordsee war plötzlich retro, und aus purem Jux fuhr ich mit einem Freund Mitte Dezember nach Juist, wo wir praktisch die einzigen waren und uns eine knappe Woche lang den Hintern abfroren. Unser Pensionszimmer war seit Oktober nicht geheizt worden, und die Bemühungen, den Rückstand aufzuholen, waren bis zum Ende unseres Aufenthaltes noch längst nicht abgeschlossen; es war so kalt, daß ich mich morgens nicht traute aufzustehen. Auf der ganzen Insel hatten nur zwei Lokale geöffnet, und in dem etwas weniger zugigen durfte man sogar kiffen, weil es auf der Insel keinen Polizisten gab, schon gar nicht nachts. Nach vier Tagen, die uns soviel Geld gekostet hatten wie zwei Wochen Tunesien, setzten wir uns dann wieder ins Flugzeug – die Fähre war schon auf dem Hinweg wegen wasserstandsbedingter Komplikationen nicht gefahren, da waren gleich 150 Euro fürs Flugticket futsch – und hatten eine Geschichte fürs Leben. Ich friere noch, wenn ich bloß dran denke.

Das nächste Mal Nordsee war dann schon mit meiner Frau, eine Woche Cuxhaven. Das war nun gar nicht retro noch überhaupt so gedacht, sondern schlicht der Strand, der von Bielefeld aus am schnellsten zu erreichen ist. Außerdem war ich da mal mit meiner Großmutter gewesen, und ich bin nun in dem Alter, wo man anfängt, sich für die Orte der Kindheit zu interessieren; traurig, ist aber so. Cuxhaven war prima, auch wenn es, gezeitenbedingt, bessere Orte gibt, um einen Badeurlaub zu verbringen, und man lernen muß, daß der ortsübliche »Cappuccino« für 3,20 Euro ziemlich genau dem löslichen Trashgetränk entspricht, das in der Pfunddose keine zwei Euro kostet. Und auch genau so schmeckt.

Abgesehen davon war es schön in Cuxhaven, außer an dem Abend, als wir nach einem langen Tag im Strandkorb völlig ausgehungert durch den ziemlich peripheren Ortsteil Sahlenburg wankten, weil um 20 Uhr (im Sommer!) alle Eßlokale bereits geschlossen hatten. Ich weiß nicht mehr, was wir dann gegessen haben, wahrscheinlich das bißchen Prinzenrolle, das noch da war; ich werde aber nie die Blicke des Sahlenburger Gastro-Personals vergessen, als wir, um kurz vor acht, scheu nach Abendbrot fragten – so wird man in Kabul angeschaut, wenn man Schweinskotelett bestellt. Es empfiehlt sich also, rechtzeitig ans Nachtmahl zu denken, wenn man in einem Nordseebad urlaubt; und zwar, wie wir gleich sehen werden, unabhängig davon, welches man bevorzugt.

»Es gilt nicht, besonders viel zu erleben, sondern gerade möglichst wenig« – dieses Urlaubsmotto des großen Schriftstellers Heinz Strunk gilt für uns auch, wenigstens dann, wenn es weder um Aktiv- noch Abenteuer-, sondern um Erholungsurlaub geht. Eine Fernreise scheidet schon deshalb aus, weil sie das Weltklima schädigt, der Streß am Flughafen der Erholung abträglich ist und man zum Nichtstun auch nicht nach Kapstadt fliegen muß. Zum Nichtserleben reicht die deutsche Nordsee völlig, und man kommt mit dem Zug hin, wenn auch mühsam. (Dafür kann man im Fahrradabteil des Regionalzugs nach Bremerhaven die Fernsehschriftstellerin Elke Heidenreich treffen, die, weil sie nicht ständig angesprochen werden will, eine Miene macht, die besagen soll, daß man sofort geohrfeigt wird, wenn man es trotzdem tut. Man kann Elke Heidenreichs Miene noch verfinstern, wenn man eine Ehefrau dabeihat, die sich unbändig freut, daß da eine sitzt, »die haargenau aussieht wie Elke Heidenreich, aber nicht hingucken!« Elke Heidenreich hört aber alles und weiß natürlich, daß sie Elke Heidenreich ist und nicht bloß so aussieht. Niemand kann nämlich so grimmig dreinschauen wie Elke Heidenreich, was wahrscheinlich daran liegt, daß Elke Heidenreich so furchtbar oft angequatscht wird von Leuten, die sie mit ihrer populären Art auf ihre Seite gebracht hat. Es rächt sich halt immer alles.)

Die Nordseeküste ist nun aber lang, und der sich als Urlaubsziel empfehlenden Orte gibt es da oben bekanntlich viele. Ich bin nun leider gar nicht der Typ, dem es gegeben ist, *einfach irgendwohin* zu fahren. Ich brauche, Passivurlaub hin oder her, *einen Grund,* ausgerechnet *dahin* zu fahren, wo man doch genausogut *dorthin* fahren könnte. Auch wenn es also nur um ein paar Tage ging, die mit Ausspannen verbracht werden sollten, wollte die Entscheidung wohl überlegt sein, und zwar von mir, denn meine Frau ist schlau und weiß, daß man Neurotikern, die es gerne kompliziert haben, nicht in die Parade fahren darf. Im übrigen war es ihr wurscht, Hauptsache Meer und Ruhe.

Der akribischen Prüfung unterzogen wurden, weil es diesmal auf eine Insel gehen sollte, sowohl die nordfriesischen Inseln Nordstrand, Pellworm, Amrum, Föhr und Sylt als auch deren ostfriesische Schwestern Juist, Norderney, Baltrum, Langeoog, Spiekeroog und Wangerooge. Die nordfriesischen Inseln waren, weil zu weit weg, schnell aussortiert, und nach Sylt zu fahren verbietet einem schon das Ressentiment. Ich will nirgends sein, wo ich Gefahr laufe, Katja Kessler, Ulrich Wickert oder Johannes B. Kerner zu begegnen, schon gar nicht im Urlaub.

Blieben also sieben, die nach den Parametern Anreisedauer und Inselcharakter einer internetgestützten Begutachtung unterfielen. Ich rief sogar eine alte Freundin an, von der ich wußte, daß sie mal auf Wangerooge gewesen war.

»Auf Langeoog«, sagte sie. »Schön da, aber langweilig. Und viele Familien.«

Ich wußte nun allerdings gar nicht, ob ich was gegen Familien hatte, und wenn ja, was genau. Schön, mit der eigenen mußte man ab und zu telefonieren, um sich Erkältungsratschläge oder Nachbarschaftstratsch anzuhören, und die Angewohnheit meiner Altersgenossen, ihre Wickel- und Kleinkinder *überall* mit hinzuschleppen, egal ob Hochzeit oder Bundespresseball, um sie dann den ganzen Abend lang publikumswirksam herumzuschaukeln, durfte, wer wollte, gern für affig halten; aber auch diese Kollektive waren Brutstätten späterer Rentenzahlgenerationen und jedenfalls die Keimzelle des Staates. Eines Staates allerdings, der sich eher schlecht benahm, Arme schurigelte und Waffen in die Dritte Welt verkaufte, was dann doch gegens Familiäre sprach; und wo ich gerade in so widerständige Stimmung geriet, sollte meine Trauminsel dann auch noch autofrei sein, die heilige deutsche Dreifaltigkeit Familie – Vaterland – Kraftfahrzeug füglich aufzusprengen.

Ich habe nichts gegen Autos, ich besitze selbst eines, aber wenn man schon Ruhe und Reklusion sucht, dann soll man auch bereit sein, die Konsequenzen zu tragen. Autofrei war es auf Juist, aber da war ich schon gewesen; auf Langeoog, aber da war es familiär und langweilig; auf

Spiekeroog, doch das klang wie »Spießeroog«. Und eben auf Baltrum, der kleinsten der nordfriesischen Inseln, die genau in der Mitte liegt und sich als »Dornröschen der Nordsee« feiert – drei Besonderheiten, die dem Mittelmaß einer Nordseereise genau das Krönchen Exklusivität aufsetzten, das distinktionsbewußte Entscheider wie ich brauchen, um irgendwann dann doch zu wissen, was sie evtl. wahrscheinlich wollen.

Was man, zum erstenmal auf Baltrum, jedenfalls nicht wollen sollte, ist ein herzliches Willkommen. Die Fähre setzt einen ab, und dann muß man zusehen. Einen Taxistand gibt es naturgemäß nicht (Autoverbot), einen Wegweiser auch nicht, nur ein paar Dutzend Handwagen auf Vollgummireifen, die, mit dem Namen ihrer Mutterpension gekennzeichnet, am Hafen herumstehen und den Gepäcktransport erleichtern sollen, die man aber, wenn man sie hinter sich herzieht, dauernd in den Hacken hat. Das ist aber nicht das eigentliche Problem. Das Problem ist, daß man keine Ahnung hat, wo es langgeht.

Straßenbezeichnungen gibt es bei Dornröschen nicht, es gibt bloß Hausnummern, die aber nicht auf topo-, sondern auf chronologische Gegebenheiten verweisen: Das Haus Nummer eins liegt also nicht näher an Haus Nummer vier als an Haus Nummer hundert, es ist bloß älter; eine Information, deren Nutzwert überschaubar ist. So klein ist die Insel nämlich nicht, daß man die Nummern einfach abklappern könnte, schon gar nicht, wenn man sechs Stunden im Zug und auf der Fähre gesessen hat, es dämmert und regnet, man Hunger hat und mal muß. Ich bin in Fragen der Gesellschaftskritik nicht unbewandert, ich weiß, zumindest im groben, welche Einwände gegen das westliche Gesellschaftsmodell von kritischen Geistern formuliert werden; die Idee, Wohnquartiere durch eine Kombination von Straßenbezeichnung und fortlaufender Häusernumerierung auffindbar zu machen, gehört jedenfalls nicht dazu, sondern wird, da bin ich sicher, einhellig als zivilisatorischer Fortschritt empfunden. Nicht so vom Baltrumer, der schließlich weiß, wo er wohnt, und der überhaupt Stammgäste bevorzugt. Der Insulaner mag Fremde nämlich gar nicht so gern, ihm sind bekannte Gesichter lieber. Aus denen fallen auch nicht immer diese dummen Fragen:

»Wo kriegt man hier denn heute abend, bitte sehr, noch was zu essen?«

Der Insulaner versteht das überhaupt nicht, daß man um halb neun noch auswärts essen wollen kann, wie er auch nicht versteht, warum man zwei Stunden gebraucht hat, das Haus Nummer 171 zu finden. Es steht ordnungsgemäß zwischen Haus 324 und Haus 18, und schließlich hätte man auch anrufen können. Wie, man hat? Mehrfach? Im strömenden Regen? Na, da wird der Fernseher wohl'n büschen zu laut gewesen sein! Hahaha! (Inselhumor.)

Im *Strandcafé* darf man dann noch essen, es ist nach 20 Uhr der einzige Ort, der dieses Freizeitvergnügen anbietet. Hier trifft sich die Jugend, das ist auf Baltrum alles, was auch nach 20 Uhr noch vegetative Regungen verspürt. Der Rest sitzt zu Hause bei einer Kanne Ostfriesentee und denkt sich Vorschriften aus.

Es ist nämlich das Vorschriftenwesen, das der Insel Baltrum ihren Platz auf unserer Landkarte des mental Devianten (oder, was u. U. das gleiche ist, Landestypischen) einträgt und das in perfidem Gegensatz zur Anarchie bei der Hausnummernvergabe steht; oder, je nach Perspektive, das haargenau selbe Willkürregiment abbildet. Das, wie es für Erziehungsdiktaturen kennzeichnend ist, die zahlreichen Verbote noch in gutgemeinte Ratschläge umflunkert: »Gehen Sie doch einmal wieder zu Fuß! Genießen Sie die Entschleunigung. Entdecken Sie die winzigen Kleinigkeiten am Wegesrand. Finden Sie Ihren eigenen Rhythmus. Laufen Sie bewußt! Alle Wege sind auf Baltrum kurz, ein Fahrrad braucht man hier deshalb nicht. Lassen Sie Ihr Fahrrad am besten gleich zu Hause.« Das empfiehlt sich, denn Fahrradfahren dürfen auf Baltrum nur die Einheimischen, wodurch man sie problemlos von den Gästen unterscheiden kann. Denn so kurz sind die Wege auf Baltrum dann wieder nicht, daß die Baltrumer auf den Komfort und die Zeitersparnis, die so ein Fahrrad mit sich bringt, verzichten würden. Die Kleinigkeiten am Wegesrand, seien sie auch noch so winzig, sind den Baltrumern ganz egal. Sollen doch die Touristentrottel sich die Hälse verrenken und bewußt herumlatschen und sich wie Minderjährige bei der Drogenberatung vorkommen (»Alkohol brauchst du doch gar nicht! Leb doch lieber bewußt!«), sie sind ja freiwillig hier und selber schuld. Die Kurverwaltung will schließlich für alle nur das Beste.

»Am Strand gibt es keine Fahrradparkplätze, die Rettungswege müssen frei bleiben«, ein sagenhaft fadenscheiniger Grund, denn es besteht ja gar kein Zwang, einen Fahrradparkplatz mitten auf einem Rettungsweg zu errichten. »Viele Wege sind nur für Fußgänger geeignet. Diese freuen sich auf Gleichgesinnte!« – was immer man auf Baltrum gegen Fahrräder hat, der wahre Grund scheint zu peinlich, als daß man nicht glaubt, ihn unter derlei Gesinnungskäsereien begraben zu müssen. Es wird wohl so sein, daß die Insel sich zwar als Familienferienort profilieren will, sich aber nicht traut, den Senioren die Wegehoheit zu bestreiten.

Für diese Priorität spricht auch Vorschrift 234/b, Absatz 5: »Kinder mit Laufrädern bitte niemals unbeaufsichtigt lassen – die Straße ist kein Spiel- oder Übungsplatz!« Eine »Straße« wohlgemerkt, auf der kein Auto fährt und die eine Spielstraße auf dem Festland wie ein Testgelände für Rennwagen wirken läßt. Das Schlimmste, was ein Kind auf einem Laufrad anrichten kann, ist, daß es hinknallt. Und dann freilich losplärrt; und damit die heilige Baltrumer Ruhe zerstört. Das ist natürlich inakzeptabel.

Deswegen auch das selbstverständlich in frohgemut-katechetischem Tone vorgetragene Verbot aller geräusch-intensiven Beschäftigungen innerhalb der angemieteten vier Wände nach 21 Uhr, inkl. duschen, baden, fernsehen, lachen, husten und furzen. Der Baltrumer Idealgast ißt früh und geht entsprechend früh zu Bett, wer Krach machen will, kann das ja in der Großstadt tun, in Norddeich oder Emden.

»Ich finde es hier wunderbar entspannend«, findet die schönste Ehefrau von allen.

»Ich finde es hier wunderbar langweilig«, sage ich, aber freundlich, denn so muffig und lebensfeindlich ist kein Urlaubsort, daß ich durch zügellose Kritik die Urlaubsfreude meiner Lebenskameradin trüben wollen würde.

»Das ist doch gerade das Schöne!« sagt sie und knufft mich entspannt in die Seite.

Ich weiß nicht. Es ist ja nicht die Langeweile, und vielleicht ist »muffig« auch das falsche Wort; es ist eher diese lähmende Verregeltheit, diese dann wohl doch urdeutsche Ordnungs- und Kontrollmeise in Verbindung mit einem Stundenplan, wie er in Krankenhäusern und Altenheimen gilt; immerhin, das Frühstück gibt's bis neun. Überdies sieht es auf Baltrum, was das Bauliche anlangt, weniger nach den Heimatfilmchen aus dem Ersten Programm aus, in denen wortkarge Krabbenfischer in weißen Reetdachträumen die erotischen Begehrlichkeiten von im Kabriolett aus Hamburg geflohenen PR-Fräuleins wecken. Baltrum ist auf diese vorwurfsvoll protestantische Weise rot verklinkert und gleicht darin im wesentlichen dem deprimierenden Hamburger Stadtteil Horn; einem Hamburg-Horn freilich ohne U-Bahn-Anschluß, dafür mit einer zentralen Kuchenverzehrstätte namens *Café Kluntje.*

Ohne mich je hineingetraut zu haben, weiß ich, daß sich mit dem »Café Kluntje« anfreunden bedeutet, *Dominik an Bord* aufs Kraftfahrzeug zu kleben, dauernd »von daher« zu sagen und sich nie die Frage zu stellen, warum Funktionskleidung eigentlich Funktionskleidung heißt. Café Kluntje – da wird die Sahne noch von Hand geschlagen. Das gefällt den Kombifahrern, die, wind- und wanderjakkenbewert, das *Kluntje* (landschaftlich für Würfelkandis) von 11 bis 18 Uhr besetzt halten und dem weltbekannten Kluntjelied vollinhaltlich beipflichten:

»Kluntje, Kluntje in dem Tee,
wenn ich dich so schmilzen seh,
soll mich freuen?, soll ich trauern?
Und dein Sterben noch bedauern?

Schluck für Schluck, nicht umgerührt,
bis dein Liebreiz mich verführt.
Selbstlos schenkst du mir zum Schluß
deinen zuckersüßen Kuß!

So soll's sein, daß du leicht knisterst,
heißer Tee dich dann umspült.
Keiner weiß, was du so wisperst
und du dich so wohlig fühlst.
Wenn die Sahne dich bedeckt,
deine scharfen Kanten leckt.
Auf bizarre Kringel steigen,
tanzen einen lustig Reigen.
Wehe, wer hier stört
und mit einem Löffel rührt.«

Das *Café Kluntje* ist, da bin ich sicher, ganz froh, daß ich mich zu keinem Besuch habe entschließen können: Es sind wahrscheinlich eh nicht genügend Tassen im Schrank.

»Die Insel ist vor allem ein Paradies für Familien«, findet eine inselaffine Seite aus dem Internet, »die weitab vom Trubel die schönste Zeit im Jahr genießen möchten. Private Fahrzeuge findet man nämlich vergeblich, ideal für den Familienurlaub an der Nordsee.« Dem Baltrumer, das verrät der mißglückte Satz, ist das Finden eben allemal wichtiger als das Suchen; alles ist fugenlos so eingerichtet, wie es sein und bleiben soll, und daß die Urlaubsgemeinschaft von schädlichen Einflüssen so streng wie möglich abgeschirmt werde, dafür tut man auf Baltrum, das stolz auf seinen Status als »Insel ohne Neger« ist, alles. Ein Wunder, daß es in den Hotelfernsehern Privat-TV gibt und nicht bloß »Lieder so schön wie der Norden«, »Aktuelle Schaubude« oder »Tagesschau vor 20 Jahren« in Endlosschleife.

Das eigentlich Erstaunliche, wo nicht bereits Abgründige ist aber, eine wie treue Fangemeinde dieses grau tapezierte Zwangsheim für Analcharaktere hat. Die mit Abstand interessanteste Rubrik in der lokalen *Inselglocke* ist die Ehrenliste mit den Treuesten der Treuen, die ca. »Walter und Hilde Maschrup aus Lünen« heißen und seit 46 (!) Jahren ihren Urlaub auf Baltrum verbringen, gefolgt von Horst und Heidi Drombusch (Darmstadt, 44 Jahre), Siegfried und Elvira Klotz (Dortmund, 43 Jahre) und Rudi und Erna Rüssel (Illertissen, 42 Jahre).

Und so geht es weiter. Die Liste ist lang. Sehr lang. Unheimlich lang.

Als wir den Heimweg antreten, regnet es Schnürsenkel. Es gibt zwei Kutschunternehmen auf der Insel, beide sind, natürlich, seit Wochen ausgebucht. Unser Gepäck auf dem Bollerwagen ist in Müllsäcke eingeschlagen. Wir stiefeln zum Hafen wie Flüchtlinge.

46 Jahre Urlaub auf Baltrum; jedes verdammte Jahr.

Seit Fallada weiß man von Knackis, die so oft und lange gesessen haben, daß sie sich draußen nicht mehr zurechtfinden und geradezu mutwillig dafür sorgen, wieder einfahren zu dürfen. Oder auch: Stockholm-Syndrom, wenn die Geisel sich in den Geiselnehmer verliebt.

Wie oft sagt man leichtfertig: »Eher würde ich mich erschießen!« und meint es natürlich nicht so. Manchmal aber vielleicht eben doch.

Zweite Station:
Hamburg

Die antisoziale oder auch dissoziale Persönlichkeitsstörung (APS) ist gekennzeichnet durch eine Mißachtung sozialer Verpflichtungen und Unbeteiligtsein an Gefühlen anderer.

Meine erste und zugleich beste Erinnerung an Hamburg spielt, Überraschung, auf St. Pauli, genauer: auf der Reeperbahn, und ich war 17.

Wir standen vor einer Peepshow, und wie immer man als Erwachsener zu käuflichen Formen von Sexualität stehen mag, als Pubertätsopfer vom Land geht man nicht auf die Reeperbahn, um unverrichteter Dinge wieder nach Hause zu fahren, zumal es die ideelle Gesamtpeepshow namens Internet ja noch gar nicht gab, *damals.*

Jedenfalls standen wir zu viert vor diesem Laden, und nach den üblichen peinlichen Minuten, die man, aus Angst vor der eigenen Courage, vor solcherart Läden steht (oder mindestens *stand,* das Schamgefühl ist ja evtl. auch nicht mehr das, was es einmal war), ließen wir uns vom Koberer beschwatzen und erstanden Eintrittskarten, aber nur drei, denn Schombi war's *zu teuer* (muß man sich mal vorstellen), und wie immer wir dachten, daß eine Peepshow aussieht: nämlich irgendwie so, daß man zwar zusehen kann, aber nicht gesehen wird, es stimmte nicht.

Der in fahlblauem Licht badende, schleusenartige Raum hatte eine Eingangs- und gegenüber eine Ausgangstür und an der Längsseite eine gut einsehbare, weil vollständig offene, wenn auch immerhin ordnungsgemäß erhöhte Bühne. Wir stehen davor wie bestellt und nicht abgeholt, *allein,* und weil es ganz klar ist, daß die Dame, drei Meter entfernt, uns beim Glotzen gleich einwandfrei zusehen wird und keiner von uns die geringste Lust hat, als der arme Onanist dazustehen, der man mit 17 unweigerlich ist, versuchen wir zu entkommen, bevor die Dame überhaupt aufgetaucht ist, es war ein Fehler, wir haben ihn eingesehen, pfeif auf das Geld, nichts wie raus!

Die Türen sind aber abgeschlossen. Beide.

Ich weiß nicht mehr, wohin ich in den nächsten fünf Minuten gesehen habe, jedenfalls nicht nach vorne; ich weiß bloß noch, wie die Dame bei der Regie um Erhöhung des Beschallungspegels bat (*»Öi, mäch mor die Muggeh läoudär!«*) und daß Schombi, der Idiot, sich von diesem Triumph des Gleichgewußthabens hernach lange nicht erholt hat. Dabei waren wir bloß Opfer der Hamburger Kaufmannsehre geworden: Der Kunde hat bezahlt, der Kunde wird bedient, und zwar bis zum letzten Cent. Vor diesem Hintergrund erscheinen mir die Unflätigkeiten, die uns, später, der Platzanweiser einer *Fickshow* hinterherrief, weil wir, aus Erfahrung klug, den Tisch am Bühnenrand nicht haben wollten, heute vollkommen plausibel.

Es stimmt mich traurig, daß Hamburg, lange Zeit meine Lieblingsstadt, diese unkorrumpierbare Solidität und sture Menschenfreundlichkeit mählich, aber sicher aus den Augen zu verlieren scheint.

Die Freie und Hansestadt war immer die diskreteste

der deutschen Metropolen, was als guter Grund durchgehen kann, warum meine adoleszenten Großstadtträume, auch ohne Fickshow, stets um Hamburg kreisten. Das Meer ist nah, Bernd Begemann noch näher, und auf den Gedanken, Hamburg sei so was wie die südlichste Stadt Großbritanniens, kann man natürlich auch kommen. Irgendwann war sogar die *Bild*-Zeitung verschwunden und ins national erheblichere Berlin gezogen, wo der Bürgermeister zwar ebenfalls schwul ist, aber kaum über die hanseatische, freundlich halbbelichtete Grandezza Ole von Beusts verfügt, die auf Sylt, wo von Beust mittlerweile Exil bezogen hat, allerdings noch besser aufgehoben ist. Schön, wie sich immer alles fügt!

So hätte es weitergehen können. Hamburg als (um ein *mot* Mark-Stefan Tietzes zu variieren) das Berlin, wo die Menschen Arbeit haben, man sich auf vulgäre Prestigehampeleien wie Olympiabewerbungen erst gar nicht einläßt und an der Alster zwischen blasiert dreinschauenden Reederssöhnen und hochgradig strohblonden Gruner + Jahr-Redakteusen Erbsensuppe essen kann, Leuten, die deshalb so erträglich, ja faszinierend sind, weil sie etwas zutiefst Irreales ausstrahlen: So deckungsgleich sind sie mit ihrem eigenen Klischee, daß sie sich vor dem Auge des staunenden Betrachters in Luft auflösen.

Aus Hamburg hörte man lange Zeit generell nicht viel, was sicher mit dem zeitgenössischen Hauptstadt-Gehupe zu tun hat – sture Trendmenschen wie der Wolfgang Höbel vom *Spiegel* sind ja gar nicht von der lahmen Überzeugung abzubringen, daß Kreativtätigkeit außerhalb Berlins ipso facto gar keine sei – wie mit der hanseatischen Tradition, die Kirche im Dorf und das Geld auf der Bank zu lassen. Wenn es nicht eben darum geht, ein neues Konzerthaus zu errichten; oder sich im Zuge einer Volksabstimmung betreffs der Frage, ob es gewünscht sei, die soziale Selektion von Kindern durch eine verlängerte Grundschulzeit um zwei Prozent abzumildern, als Stadt der hochgradig asozialen Pfeffersäcke in Erinnerung zu bringen.

Denn auch die Idee mit der sechsjährigen Grundschule war ja Hamburg, war *liberalitas hanseatica* und, wenn auch exekutiert von einer schwarz-grünen Senatsmehrheit, gute alte Sozialdemokratie – die Fabrik den Fabrikbesitzern, den Arbeitern längere Mittagspause! –, und die Pleite im Hamburger Schulstreit trieb nicht nur den Primarschul-Befürworter von Beust aus dem Amt, sondern war auch dazu angetan, den Mythos vom vornehmen Hamburg zu zerstören, denn Vornehmheit zeigt sich ja vor allem im Umgang mit dem Personal. Herrschen, aber mit Stil – das war in dem Moment, als die sogenannte Elterninitiative des Blankeneser Rechtsanwalts Scheuerl antrat, vorbei. Da war, angefangen bei dem tolldreisten Initiativnamen »Wir wollen lernen«, plötzlich die allerunhanseatischste Vulgarität Trumpf und verteidigte die »Gucci-Fraktion« *(Hamburger Morgenpost)* aus den Elbvororten mit aller zur Verfügung stehenden Borniertheit das bürgerliche Gymnasialprivileg gegen Ausländer- und Prolohorden, aus Hamburgs kühler Schönheit eine kalte zu machen sowie den Nachweis zu erbringen, daß Freuds altes Diktum, wonach Schamverlust der Bote des Schwachsinns ist, auch reziprok gilt: Das überhaupt immer dümmer werdende, sich selbst so nennende Bildungsbürgertum, es schämt sich schon für gar nichts mehr.

»Der Traum der Bildung, Freiheit vom Diktat der Mittel, der sturen und kargen Nützlichkeit, wird verfälscht zur Apologie der Welt, die nach jenem Ideal eingerichtet ist ... Die perennierende Statusgesellschaft saugt die Reste von Bildung auf und verwandelt sie in Embleme des Status« – kein Zufall, daß Adorno, der wußte, daß Bildung, die sich selbst beklatscht, bloß Halbbildung ist, nie als Hamburger auffällig wurde; zumal er's mit Peep- und Fickshows wohl auch nicht so hatte.

Damit der Zug vom mondän Metropolitanen ins pfahlbürgerlich Provinzielle nicht gleich wieder aus dem Gleis springe, folgte im März 2011 dem glücklos glamourösen Beust ein fast frivoles Gegenteil, gewählt von einer absoluten Mehrheit, die keine Lust mehr auf reformatorische Mätzchen hatte und sich nicht daran störte, sondern es sogar schätzte, daß der in seinen bundespolitischen Zeiten als »Scholzomat« zu Ehren gekommene Olaf Scholz so aussieht »wie ein Clown nach dem Abschminken« *(Süddeutsche Zeitung)* und derlei Despektierlichkeiten auf gut hamburgisch auch noch »regungslos erträgt« *(Die Welt)*. Was bekanntlich kein Problem ist, solange man nach unten treten kann: »Wer bei mir Führung bestellt, muß wissen, daß er sie auch bekommt«, soll der brave Scholz seinen zerstrittenen Hamburger Lokalverband an die Kandare genommen haben, der dem gewesenen Bundesarbeitsminister die Chefrolle dankbar überließ. Vielleicht schon in der Ahnung, daß nach den schwarzgrünen Überspanntheiten wieder politisches Handwerk gefragt wäre; oder wenigstens etwas, das so aussieht.

Handwerker Scholz gibt sich jedenfalls alle Mühe, so langweilig wie möglich zu wirken, in der vollkommen richtigen Annahme, daß das heutzutage – nach allem, was man mit Westerwelle erlebt hat – für Seriosität durchgeht. »Kontrolliert, seriös, mit einem Schuß Strenge: So präsentiert sich der Kandidat und trifft damit den Nerv einer Stadt, die Autoritäten schätzt und Nähe nicht sucht« *(Welt)*, schon gar nicht die von Gesocks, das einem unterm Banner irgendwelcher Emanzipationsideen auf die Pelle rückt. Da ist man bei Scholz, der, als alter Sozialdemokrat, an Konfrontation nicht interessiert ist (»Wir werden die durch den Volksentscheid zustande gekommene Schulstruktur konsolidieren und dafür sorgen, daß der Unterricht jeden Tag besser wird«), durchaus an der richtigen Adresse. »Stark und solidarisch« versprach er zu sein, aber da das Wort von der Solidarität längst so leer ist wie die öffentlichen Kassen – wie solidarisch der Hamburger ist, hatte er beim Volksentscheid ja gerade erst bewiesen –, blieb die gute alte Stärke, die sich in der Kaufmannsstadt als freilich ökonomische versteht. Also hat Scholz seiner traditionell rechten SPD »einen strikt wirtschaftsfreundlichen Kurs verordnet, Elbvertiefung und Hafensubventionen inklusive« *(Welt)* und verkauft das unter dem strahlend schönen, wo nicht schon wieder närrischen Etikett »Wachsende Stadt«.

Denn Hamburg, das immer so cool in der Ecke stand, weil ihm eh keiner was konnte, will jetzt auf dem Pausenhof mitprügeln; weshalb der Erste Bürgermeister das »Leitbild« von der »Wachsenden Stadt« als »Standortbestimmung« und »Vision« durchzufechten sich unbedingt anschickt. »Hamburgs Funktion als Metropole soll weiter ausgebaut und die internationale Attraktivität gestärkt werden« (hamburg.de) – der Grad der Humanität, die solchen Ambitionen innewohnt, läßt sich zuverlässig am entmenschten »Roboterstil« (Gottfried Benn) solcher Marketing-Verlautbarungen ablesen; denn wo eine Stadt nicht einfach schöner und lebenswerter werden soll, sondern Funktionen einer Metropole einem weiteren, attraktivitätsförderlichen Ausbau überantwortet werden, stehen die Funktionen allemal im Vordergrund. Man ahnt, welche.

»Das Leitbild der Wachsenden Stadt ist eng mit dem Namen Wolfgang Peiner verbunden«, erinnert sich das *Hamburger Abendblatt.* »Der damalige CDU-Finanzsenator stellte das Konzept 2002 als ›wichtigste Aufgabe für alle Politikressorts‹ vor. 80 Seiten war es dick und enthielt eine detaillierte Wachstumsstrategie mit Zielen für die Wirtschaft, für den Arbeitsmarkt und für die Einwohnerzahl – die sollte auf zwei Millionen Menschen ansteigen. Kurzum: Hamburg sollte größer und attraktiver werden und sich dabei am besten an den Vorbildern Barcelona, Lissabon oder dem kanadischen Toronto orientieren« – eine Politik des Schwanzvergleichs, für die der gute Scholz, den der Blick in den Friseurspiegel lehrt, daß Null- oder gar Negativwachstum keinesfalls wünschenswert ist, und der sich überdies nicht nachsagen lassen will, er sei ein vaterstadtsloser Geselle, einwandfrei einsteht: »Die Wachsende Stadt ist das richtige Konzept für Hamburg.« Mehr noch: »Die SPD stellte den Grundgedanken nie infrage, vielmehr meldete sie schon damals an, die eigentliche Urheberin der Idee zu sein« *(Hamburger Abendblatt),* die unter dem möglicherweise noch beknackteren Label »Menschliche Metropole« ventiliert worden sein soll.

Menschliche Metropole vs. Wachsende Stadt – es ist erstaunlich, mit welch brausendem Mindersinn man in Hamburg in die Zeitung und sogar ins Rathaus kommt.

Und weil's halt immer noch ein bißchen eklatanter geht und das Geld auch im reichen Hamburg nicht auf dem Fischmarkt wächst, hat die Hamburger Abteilung eines sog. Deutschen Wirtschaftsrats – was es nicht alles gibt – bereits vorsorglich die »Wachsende Stadt mit schlanker Taille« verlangt: Das zu wünschende Elb-Lissabon müsse »eine schlanke Taille haben, um sich im internationalen Wettbewerb mit anderen schönen Standorten zu behaupten«.

Unser schlanker Standort soll schöner werden. Mir scheint, eine Fickshow sei von den zeitgenössischen Höhen der Obszönität schon ziemlich weit entfernt.

Wohin Hamburg wachsen soll, kann man sich in der *Hafencity* schon einmal ansehen. Wer einmal da war, wird es nicht vergessen, und als ich mit einem Hamburger Freund einmal einen Rundgang durch dieses nagelneue, hafennah ans Wasser betonierte Stadtviertel unternahm, hätte ich gerne einen zweiten Kopf gehabt, weil der erste mit dem Schütteln nicht mehr nachkam.

Ich glaube, ich habe hauptsächlich »unglaublich« gesagt.

»Es ist das Gesetz aller organischen und anorganischen, aller physischen und metaphysischen, aller menschlichen und übermenschlichen Dinge, aller echten Manifestationen des Kopfes, des Herzens und der Seele, daß das Leben in seinem Ausdruck erkennbar ist, daß die Form immer der Funktion folgt«, hat der berühmte Architekt Louis Sullivan mal formuliert – und wirklich drückt die Hafencity das, was ihre Schöpfer wie ihre Bewohner im Ernst für Leben halten mögen, mustergültig aus: Hier folgt die Form Funktion, und hinter der Funktion kommt nichts. »Die Abende sind teuer, doch es gibt kein Abenteuer« (Udo Lindenberg) – wer hier lebt, lebt nur, soweit er funktioniert und sich das gut bezahlen lassen kann. »Ein hochwertiger innerstädtischer Stadtteil mit gemischter Wohn-, Arbeits-, Kultur- und Freizeitnutzung«, freut sich die Stadt, die mal mein Hamburg war, über ihre schöne neue Welt, die »Premium-Wohnerlebnis« genannt zu haben die zuständigen Stellen sicher nur vergessen haben. Es ist nicht leicht, dieses lebensfeindliche Loftareal aus Glasfassade, Tiefgarage und Sushi-Lokal adäquat zu beschreiben; es ist ganz unmöglich, sich jemanden darin vorzustellen, der nicht Betriebswirtschaft studiert hat und über keine Designereinbauküche verfügt. Was als Beschreibung hinreichen mag.

»Der neue Stadtteil mußte daher nicht nur besonders zukunftsfähig sein, sondern auch ein Modell für die europäische Innenstadt des 21. Jahrhunderts entwickeln« (hafencity.com) – es versteht sich von selbst, daß solch ein zukunftsfähiges Quartier zukunftsfähigen Bewohnern vorbehalten ist und seinen Modellcharakter daran zu beweisen hat, ob und unter welchen Umständen es gelingen kann, zentrale Stadtbereiche als für Underperformer verboten auszuweisen, ohne daß man dafür Schilder aufstellen müßte. Denn da kann sich Hamburg drehen und winden, wie es will, von »feinkörniger Nutzungsmischung«, einem »hohen Maß an Lebendigkeit« und, natürlich, »Kultur« faseln, bis es die Öffentlichkeit selbst da glaubt, wo sie sich als linksliberale versteht: Die Hafencity ist, mit Verlaub, ein »Arschlochmagnet« (Rocko Schamoni, Hamburg), eine monströse Oben-ohne-Show für die in hohem Bogen Wichsende Stadt.[1]

1 Nicht einmal die Hamburger Kultursenatorin hat es da ausgehalten; und ist, wie man hört, nach drei Monaten wieder weggezogen.

Na ja. Zeiten, in denen man nach jeder Bahnfahrt über die intimen Angelegenheiten von einem Halbdutzend wildfremder Handyhammel informiert ist, sind wohl eh kein Idealumfeld für Diskretion, und wo der Posten der Protohamburgerin nicht mehr von Nicole Heesters, sondern von Ina Müller bekleidet wird, ist es nur folgerichtig, den Abstieg zum Global Hanswurst mit Remmidemmi zu kaschieren.

»Im preußisch-königlichen und im kaiserlich-deutschen Reich drängten nicht alle Bürger nach Orden und Würden. Als man im Hamburger Senat vertraulich wissen ließ, Seine Majestät der Kaiser beabsichtige, einen angesehenen Handelsherrn in den erblichen Adelsstand zu erheben, erklärte der Bürgermeister der Hansestadt gelassen: ›Ein Hamburger Kaufmann kann nicht erhoben werden‹« (Internet) – tempi anscheinend ziemlich passati. Denn heute orientiert sich der Hamburger Kaufmann nicht nur an Toronto, sondern auch an Sidney, wo eine Oper direkt am Wasser steht, die furchtbar viel teurer war als geplant, heute aber als Wahrzeichen gilt, weshalb Hamburg, verständlich genug, ein Konzerthaus direkt am Wasser braucht, das so furchtbar viel teurer als geplant werden wird, daß es unterhalb von Wahrzeichen gar nicht mehr geht.

»Es ist ein weltweit einmaliges Projekt«, stapelt der Norddeutsche Rundfunk vorsorglich hoch. »Auf einem alten Kaispeicher im Hamburger Hafen soll mit der Elbphilharmonie eines der zehn besten Konzerthäuser der Welt entstehen – mit Platz für knapp 3000 Besucher.« Vielleicht spricht das sogar wieder für die Hamburger Dezenz, daß nicht das beste, sondern nur das schlimmstenfalls zehntbeste Konzerthaus der Welt errichtet werden soll, was ja reicht, solange die *Muggeh* laut genug ist und man nach Konzertbeginn nicht die Türen verrammeln muß.

Es ist jedenfalls schon mal eines der größten, und man muß nicht Freud gelesen haben, um zu ahnen, wie wichtig das ist. »Aber auch bei den Kosten sorgt das neue Konzerthaus für Gesprächsstoff: Ursprünglich auf 186 Millionen Euro veranschlagt, wird die Elbphilharmonie am Ende wohl mehr als 500 Millionen Euro verschlingen«; die *Süddeutsche Zeitung,* die sich um regionale Loyalitäten nicht bekümmern muß, errechnete gar einen sagenhaften Kostenanstieg um »das Vierzehnfache«. Solche Großprojekte sind zwar immer viel teurer als veranschlagt, weil, um Steuergelder nicht zu verschwenden, stets der billigste Vorschlag akzeptiert wird, unter absichtsvoller Mißachtung der Weisheit, daß billig gekauft meist doppelt gekauft ist; oder eben vierzehnfach. Trotzdem fühlte sich das offizielle Hamburg irgendwann über den Tisch gezogen und versuchte erst per Untersuchungsausschuß, dann auf dem Gerichtsweg Schuldige für den »Kostenbluff« *(SZ)* zu ermitteln; und als v. Beust, der die Hansestadt per Elbphilharmonie auch musisch auf Weltniveau hatte hochrüsten wollen, weg war, blieb es seinem Nachfolger (der eh so aussieht, als ginge er lieber auf ein schönes Udo-Jürgens-Konzert) in der ihm eigenen, geradezu albern nüchternen Art überlassen, das unverrückbar Gute am Groschengrab hervorzukehren. »Ohne Kostensteigerungen und Schuldzuweisungen: Wann wäre die Elbphilharmonie ein Erfolg?« frug das lokale *Abendblatt* und baute lokalpatriotisch eine Brücke, indem es das Hypothekarische hypothetisch ausblendete. Scholz: »Wenn sie fertig ist, soll sie die Musikstadt Hamburg beleben und viele Bürgerinnen und Bürger überall für die Musik interessieren.« Die Musikstadt Hamburg, bislang eher durch »Cats«, den »König der Löwen« und das »Phantom der Oper« aufgefallen, mal so richtig beleben, indem man möglichst viele Bürgerinnen und Bürger von Andrew Lloyd Webber in Richtung Brahms schubst: *das* wäre mir auch eine halbe Milliarde wert.

Bzw. zeigte sich in Scholzens hinreißend hanseatischer Art, daß sich das profund Pfeffersäckische, dem der liebste Ton das Klingeln der Kasse ist, mit noch so viel Investition ins Kulturhafte nicht wird austreiben lassen: »Nachdem so viel Geld der Steuerzahler da hineingeflossen ist, darf sie (die Elbphilharmonie) vor allem nicht nur für Touristen da sein, sondern muß auch von den Bürgern der Stadt erobert werden.« Kultureroberung wird also erste Bürgerpflicht; es könnte ein zäher Kampf werden. »Jedes Kind in der Stadt soll einmal ein Konzert dort besucht haben. Und sie darf andere kulturelle Einrichtungen nicht beeinträchtigen.« In der DDR mußten die Schulkinder zum Ernteeinsatz; in Hamburg müssen sie, ob sie wollen oder nicht, die Elbphilharmonie vollmachen, aber nur, wenn dadurch andere kulturelle Einrichtungen nicht beeinträchtigt werden. Das Tor zur Welt – vielleicht ist es doch bloß eine Gartenpforte.

Ein Schelm, ein Philister gar, wer jetzt anfängt zu rechnen: 500 Millionen kostet etwas, was selbst der treue NDR »Prestigeprojekt« zu nennen nicht umhinkann; laut Hamburger Gewerkschaftskampagne »Gerecht geht anders!«, die die Elbphilharmonie für »das Hamburger Symbol für die ungerechte Verteilung und die soziale Spaltung in der Stadt« hält, will der Hamburger Senat 550 Millionen Euro im Haushalt streichen. »Mit der Kampagne ›Gerecht geht anders!‹ wollen die Hamburger Gewerkschaften gemein-

sam mit dem Netzwerk attac und dem Sozialverband
Deutschland in den nächsten Monaten mit vielfältigen
Aktionen und Forderungen zeigen, daß der Reichtum in
Hamburg ungerecht verteilt wird – und daß genug Geld
für alle da ist.« Das ist zwar auch bloß wieder sozialdemo-
kratischer Quatsch, aber wenigstens gutgemeinter. »Eine
Menschenkette manifestiert unseren Protest und unsere
Forderungen für eine solidarische Stadt.«

Menschliche Metropole, wachsende Stadt, solidarische
Stadt und »Umwelthauptstadt« auch noch – der Ehren-
titel »Schatzstadt«, den ihr einst die Lassie Singers gaben,
wirkt da längst so deplaziert wie meine sentimentale Erinnerung an mein erstes und letztes Mal vor einer nack-
ten fremden Frau. Auf unheimliche Weise passend und
realitätsnah dagegen der Slogan, unter dem der Hamburger Heinz Strunk sich in einer Stadt, die weder ihr ge-
störtes Selbstbild noch ihre sozialpathologischen Züge im
Griff zu haben scheint, für die Partei DIE PARTEI engagiert
hat:

»Hamburg – Stadt im Norden«.

Ich finde, das klingt vernünftig.

Dritte Station: Wahlkreis 15 (Stralsund / Rügen / Nordvorpommern)

Aphasie: zentrale Sprachstörung nach (weitgehend) abgeschlossener Sprachentwicklung. Eine Aphasie kann in unterschiedlicher Ausprägung auftreten und verschiedene Komponenten des Sprachsystems (Phonologie, Syntax, Lexikon, Semantik) betreffen.

Das wäre ja auch mal zu klären, was meine Frau und ich immer mit diesen Inseln haben. Neuerdings ist es Rügen.

»Laß uns mal nach Rügen«, sagt sie. »Rügen ist wunderschön.«

»Selber wunderschön«, sage ich. »Bist du da nicht mal von Nazis fast verprügelt worden?«

»Ach was. Die waren bloß bei uns auf dem Zeltplatz, das war noch mit Malte. Malte war ja Hippie, und die Nazis haben ihr Zelt neben unseres gestellt, und wenn sie besoffen waren, was sie praktisch dauernd waren, haben sie rübergegrölt: ›Scheiß Hippies!‹ Malte wollte trotzdem nicht weg, von wegen dem Nationalsozialismus keinen Fußbreit Erde oder so. Aber aufs Maul hauen konnte er ihnen eben auch nicht, es war mehr so eine Art passiver Widerstand oder innere Emigration. Also eine Woche lang ›scheiß Hippies!‹ und immer Angst, daß sie kommen und *uns* aufs Maul hauen. Das war es dann mit diesem

Urlaub, mit Malte und mir übrigens auch. Abgesehen von den vielen Nazis ist Rügen aber wirklich schön.«

Das klingt ein bißchen wie »Abgesehen von dem ganzen Atommüll ist Kernkraft eine saubere Sache«, und soweit ich mich erinnere, ist der Kreidefelsen in natura nicht halb so imposant wie bei Friedrich. Interessant ist Rügen freilich trotzdem, jedenfalls für mich als zeitkritischen Deutschlandreisenden, gehört die Insel doch zu dem Wahlkreis unserer Bundeskanzlerin, der die gebürtige Hamburger- und spätere Uckermärkerin mit dieser typisch norddeutschen Mischung aus Sturheit und Antikommunismus alle vier Jahre in den Bundestag wählt, damit sie, in tangentialer Nähe zu den Nazis vom Rügener Zeltplatz, »Deutschland dienen« (Merkel) könne. »Sie lebt dort nicht, sie kommt auch nicht von dort«, muß zwar selbst die regierungstreue *Frankfurter Allgemeine Zeitung* einräumen, die aber auch weiß, daß Not, politische zumal, kein Gebot kennt. »Sie strebte ein Bundestagsmandat an und hatte deshalb einen Wahlkreis gesucht« und suchte ihn natürlich immer noch, aber die FAZ strebt halt gern ins Vorvergangene; egal, jedenfalls: »Günther Krause aber, der damalige CDU-Landesvorsitzende in Mecklenburg-Vorpommern, wollte helfen. Die Entscheidung, wer als CDU-Direktkandidat im damaligen Wahlkreis 256 (heute hat der Wahlkreis Stralsund-Nordvorpommern-Rügen die Nummer 15) antreten sollte, fiel in Prora auf der Insel Rügen, in einer Kaserne der DDR-Armee. Frau Merkel kandidierte und zwei Leute aus den alten Bundesländern. Es kam zur Stichwahl, irgendwann gegen Mitternacht, als viele schon gegangen waren. Frau Merkel siegte mit vierzehn Stimmen Vorsprung.«

Das kommt davon, wenn man früh nach Hause will.

Seither nämlich sitzt »Frau Merkel« für Stralsund, Nordvorpommern und Rügen im Bundestag und setzt sich ein, und zwar, nach Auskunft der Internetseite wenwaehlen.de, für »konsequente Wirtschaftsförderung«, »Förderung eines ganzjährigen Tourismus«, »Stärkung der Städte und Kommunen«, »Vorantreiben der Stadtsanierung«, »Unterstützung unserer landwirtschaftlichen Betriebe« und, versteht sich, »Würdigung der Opfer des SED-Regimes«, desselben Regimes nämlich, unter dem die Pfarrerstochter Merkel kostenlos studieren und sogar ihren Doktor machen konnte. Aber das nur nebenbei.

Jedenfalls sind dies Frau Merkels »wichtigste politische Ziele«, und die sind, offen gesagt, derart beliebig, daß der Verdacht naheliegt, Frau Merkel wollte bloß von Leuten, die sowieso CDU wählen, auf möglichst unkomplizierte Weise in den Bundestag delegiert werden, und das hat ja auch geklappt. Aber vielleicht ist das auch ungerecht: »Ich habe mich immer um die Brennpunkte gekümmert, sei es die Werft in Stralsund, die alten Militäreinrichtungen dort, die erfolgreiche Bewerbung Stralsunds als Weltkulturerbe, die Autobahn A20 oder auch das Amtsgericht Grimmen, über das es eine Zeit lang mal Streit gab«, lesen wir in der Brennpunktzeitung FAZ, die, damit es da weder Streit noch Mißverständnisse gebe, auf der tiefen Heimatliebe der Kanzlerin besteht und sie wie folgt zitiert: »Ich vertrete eine Region im Deutschen Bundestag, die an landschaftlichen Reizen kaum mehr zu überbieten ist, wie ich nicht ganz ohne Stolz behaupten möchte.«

Ein wunderschöner Merkel-Satz, der zwar inhaltlich vollauf in Ordnung geht – die Region, die Frau Merkel im Bundestag nicht ganz ohne Stolz beim Kampf gegen SED und Halbjahrestourismus vertritt, wird an landschaftlichen Reizen ja tatsächlich von allerhöchstens 20 000 anderen Landschaften überboten, sofern man Landschaften überhaupt dem ewigen Wettbewerbsgeplärre aussetzen muß, wenigstens die könnte man doch in Ruhe lassen –, der aber in seiner linden Verwackeltheit exemplarisch auf das in Mentalangelegenheiten durchaus mangelhafte Merkelwesen weist, wie es sich ausformt in einer Sprache, in der Hopfen und Malzmilch ziemlich vollständig verloren scheinen. Und zu kurz spränge jeder, der sich anschickte, die zerebrale Verfaßtheit seines Vaterlandes zu ergründen, und aber nicht einen längeren Augenblick verweilte bei den einschlägigen Unfällen und amüsanten Krämpfen von dessen höchster Sachwalterin.

Und sei's auch nur auf der Durchreise.

Gerade ich als Tourist muß mir Aufgeschlossenheit bewahren fürs Fremde, Exotische, Unverständliche auch, wie es sich in dem, was die Kanzlerin für ihre Muttersprache hält, zu Form und Ausdruck windet: »Ich bin heute erst einmal hier, um zu sagen: Ich freue mich darüber, daß es gelungen ist, Bin Laden zu töten. Und ich glaube, daß es vor allen Dingen auch für die Menschen in Amerika, aber auch für uns in Deutschland doch eine Nachricht ist, daß einer der Köpfe des internationalen Terrorismus, der so vielen Menschen auch schon das Leben gekostet hat, gefaßt, also getötet wurde. Und damit auch nicht mehr weiter tätig sein kann.«

Denn Tätigkeit, das dürfte im Wahlkreis bekannt sein, ist aller Laster Anfang.

Wie, andererseits, der ja als solcher stets hochgradig tourismuswirksame Gegensatz von jodhaltiger, frischer Ostseewelt und der sengenden, von Gott und allen guten

Geistern verlassenen Geröllwüste im Kopf der Kanzlerin, die die Autochthonen nach Berlin geschickt haben, »um das hohe Gut freiheitlichen Lebens für die große Mehrheit der Menschen sicherzustellen« (9.9.2011), durchaus kein kleiner ist. Wäre Frau Merkel von da, ich tät's auf den Dialekt schieben, aber das kann es ja nicht sein – in ihren erkennbar eigenen Worten: »Jeder von uns ist ein Stück weit fassungslos« (am 11.9.2001); zumal dann, wenn beim Terror »unschuldige Menschen aus ihrem Urlaub gerissen wurden« (25.4.2006), also getötet wurden, was in jedem Fall ja auch für Deutschland, in dessen Namen die Kanzlerin so konzentriert krängend spricht, eine Nachricht ist. Denn, so Merkel bereits im Januar 2006 in der Holocaust-Gedenkstätte Yad Vashem: »Ich bin tief beeindruckt und auch im Namen Deutschlands mit tiefer Scham erfüllt ... Diese Beziehungen werden immer besondere Beziehungen in Erinnerung an die einzigartigen Vorfälle bleiben.«

Auschwitz als einzigartiger Vorfall, der uns im Namen Deutschlands mit tiefer Scham erfüllt: Doch, das kann man so sagen. *Wenn* man es kann.

Und wer kann es? Richtig:

»Sie, die Ungarn, haben dem Freiheitswillen der Deutschen Flügel verliehen. Ihr Mut war ein entscheidender Schlag auf den Meißel, der die Berliner Mauer zum Einsturz gebracht hat« – wo Frau Merkel den entscheidenden Schlag herhat, der sie zu solch katachrestischen, wie aus dem Stein der höheren Weisheit gemeißelten Kostbarkeiten befähigt, wüßte man allerdings auch schon gern. Derselben brav delirierenden Rhetorik war die Mahnung der Kanzlerin zu verdanken: »Wir sollten das Auto nicht zum Buhmann der Nation machen«, erst recht nicht, wenn man die von Merkel bereits am 24.6.2005 erkannte deutsch-französische »Motoren-Funktion« in Rechnung stellt, denn diese Funktion dürfen »Deutschland und Frankreich nicht dazu benutzen, andere vor den Kopf zu stoßen«.

Denn das macht Merkel, mit ihrem hörbar leeren, lieber selbst.

»Wir haben wahrlich keinen Rechtsanspruch auf Demokratie und soziale Marktwirtschaft auf alle Ewigkeit. Unsere Werte müssen sich auch im Zeitalter von Globalisierung und Wissensgesellschaft behaupten«, behauptete ihrerseits die Noch-nicht-ganz-Kanzlerin im Juni 2005 in ihrer Rede zu 60 Jahren CDU, schwungvoll ihre völlige Ahnungslosigkeit in Verfassungsfragen demonstrierend: denn natürlich gibt es diesen Rechtsanspruch, er unterliegt, via »Ewigkeitsklausel«, sogar dem besonderen Schutz des Grundgesetzes, das seine Werte eben nicht irgendwelchen Zeitaltern, und seien sie noch so globalisiert, anheimstellt. Da mag Frau Merkel, Wissensgesellschafterin mit einigermaßen beschränkter Haftung, noch so sehr wider den normativen Stachel löcken: »Nicht jede heilige Kuh kann mit einem Prinzip gerechtfertigt werden.«

Doch, sie kann. Und muß eigentlich auch. Schon aus Gründen der Selbsterhaltung, wie jede heilige Kuh gern bestätigen wird.

»Ich ahne, wovon ich spreche, meine Damen und Herren.«

Selbst das ist nicht wahr.

Und die Ostseewellen schlagen an den Strand.

»Aber Demokratie ist nicht immer eine Sache von einsamen Entscheidungen, sondern in der Regel ein Geschäft der Meinungsbildung vieler«, und in der Regel kommt, jedenfalls bei der Christlich Demokratischen Union Deutschlands, dann so was dabei heraus: »Der Maßstab der CDU ist und bleibt das christliche Menschenbild. Das ist auch Absage an jedwede Ideologie«, außer freilich an jene, die sich das christliche Menschenbild aufs Vorstandsklo der freien Marktwirtschaft hängt – nein, es ist zu schön dies alles; wirklich alles wunderbar. Wie ja auch die Vorpommeraner finden, die ihr allerliebstes Phrasenwunder bei der Bundestagswahl 2009 mit 49,3 Prozent der Erststimmen glänzend bestätigt haben.

Brav. Denn noch die korrodierteste Phrase, das gedankenfernste Gestocher im Nebel von Semantik und Syntax wird in Merkels Kindermund zu einem Dingsda-Moment von hoher, das Paradies im Kleistschen Sinne durch die Hintertür betretbar machenden Feierlichkeit. »Angst vor einer neuen Bankenkrise solle mit einer Rekapitalisierung der Finanzinstitute begegnet werden, sagt die Kanzlerin. Sonst drohten Schäden, die ›Größenordnungen höher sind‹« (ntv.de), und in solch hohen bis allerhöchsten Größenordnungen hängen halt auch die Trauben, nach denen wir doch alle schnappen, wenn auch vielleicht nicht ganz so trostreich aussichtslos wie Dame Bundeskanzler. »Wenn die Münchner rufen: ›Wir fahren nach Berlin‹, das ist was Tolles.« Eben. Bzw. »vor lauter Globalisierung und Computerisierung dürfen die schönen Dinge des Lebens wie Kartoffeln oder Eintopf kochen nicht zu kurz kommen.«

Wer wollte da widersprechen?

Narren und Kinder, heißt es, sagen die Wahrheit, und die Wahrheit, die in Merkels dunkler Rede schimmert, ist nicht allein, daß die dümmsten Bäuerinnen bei der Kartoffelernte allemal reüssieren können, daß hinter einem Doktortitel in Physik, und sei's auch ein füglich sozialistischer, nicht unbedingt ein kluger Kopf steckt und daß es um die Integration von Behinderten im deutschen Vaterland so schlecht nicht stehen kann, wenn selbst die »mächtigste Frau der Welt« *(Forbes Magazine)* usw., nein: es ist eine ästhetische Wahrheit, nämlich die, die Kleist in seinem unverwüstlichen Aufsatz über das Marionettentheater ausgesprochen hat: »daß in dem Maße, als, in der organischen Welt, die Reflexion dunkler und schwächer wird, die Grazie darin immer strahlender und herrschender hervortritt.«

Je dunkler nämlich die Nacht, desto heller funkeln auch in Vorpommern die Sterne; und so gleißend strahlt die Aufklärung aus den Fernsehnachrichten nun nicht, daß wir ohne Not auf Merkels Glanz aus sehr weit innen, auf ihre endemischen »Wortmißgriffe, logischen Kapriolen, Verblasenheiten« (Eckhard Henscheid), diesen haltlos wütenden »Mahlstrom an Unternullgesumse und grammatikalisch zertrümmerten Plattitüden« (Jürgen Roth) verzichten mögen: »In bestimmter Weise habe ich auch was zu sagen« (Merkel). Und wenn die *Bild*-Zeitung fragt, woran Frau Merkel denkt, wenn sie an Deutschland denkt, und Frau Merkel sagt: »Ich denke an dichte Fenster! Kein anderes Land kann so dichte und so schöne Fenster bauen«, dann denken Frau Merkel und ich, wenn wir an Deutschland denken, fast dasselbe: Sie freut sich, daß es dicht ist. Und ich mich übers Gegenteil.

Ja, die Inseln. Ich will ja immer mal nach Sardinien.

Vierte Station:
Schwedt/Oder

*Xenophobie bezeichnet eine ablehnende, ausgrenzende oder
feindliche Haltung gegenüber Personen oder Gruppen, die
als andersartig gesehen werden. Dabei kann die Ablehnung
mit angeblichen sozialen, religiösen, ökonomischen,
kulturellen oder ethnischen Unterschieden begründet werden.*

Ich lese seit bald 35 Jahren, aber ein »Wahl-Schwedter« ist
mir dabei noch nie untergekommen. Bis eben.

Schwedt ist eine 35 000-Einwohner-Stadt in der Ucker-
mark. In der DDR war Schwedt bekannt für sein petro-
chemisches Kombinat, in dem das Erdöl aus der Freund-
schaftsleitung, die vom Ural in die DDR führte, zu Benzin
und Diesel raffiniert wurde. Seit der Wiedervereinigung
hat die Stadt ein Drittel ihrer Bevölkerung verloren; im
Juli 2011 ging wieder einer. Der Ausländerbeauftragte.

Klingt wie ein Witz aus der Harald-Schmidt-Show,
stimmt aber. Ibraimo Alberto, geboren in Mosambik, 1981
zum Studium nach Berlin, Hauptstadt der DDR, gekommen, seit 1986 im Schwedter Boxclub und seit 1990 in
Schwedt ansässig. Aus einigermaßen freien Stücken. Ein
Wahl-Schwedter.

Kein Mensch auf der Welt geht freiwillig nach Schwedt.
Wahl-Schwedter ist das, was wir studierten Schlauberger

Oxymoron oder *contradictio in adiecto* nennen: ein schwarzer Schimmel, eine *Must-see*-Talkshow. Schwedter ist man zwangsweise, freiwillig ist das im Grunde gar nicht vorstellbar. Wahl-Schwedter, genausogut kann man aus Spaß nach Canossa gehen oder zu einem Fußballspiel von Arminia Bielefeld. Ibraimo Alberto war ein Wahl-Schwedter, der einzige weltweit. Und man kann sagen, es hat sich ausgezahlt: Seinen monströsen Akt der Frivolität haben ihm die Schwedter, die nämlich wissen, daß man da, wo sie sind, nicht freiwillig ist, und die deshalb jeden Gast um so herzlicher empfangen, von Herzen vergolten. So penetrant wurden die Freundschaftsbekundungen, daß sich Alberto mal beklagte:»Ich kann überhaupt nicht mit meiner Familie in meiner Heimatstadt Schwedt spazierengehen. Wegen übelster Beleidigungen ist es so eine Tortur für meine Frau, daß wir gemeinsam nicht mehr ausgehen. Meine Kinder gehen bei Veranstaltungen vor und benachrichtigen mich über Handy: ›Papa, keine Nazis – du kannst kommen!‹ oder ›Bleib besser zu Hause!‹« Wo es, wie jedenfalls jeder Europäer weiß, sowieso am schönsten ist; trautes Heim, Glück allein, das kennt man in Afrika natürlich nicht. Weder das eine noch das andere.

»Lange hatte sich der Wahl-Schwedter« – da steht es – »den Vorurteilen gegen ihn und seine Familie gestellt. Doch die rechte Szene der Stadt habe sich verändert, habe Verstärkung vom Verfassungsschutz«, Unsinn: »habe Verstärkung aus dem benachbarten Landkreis Barnim und aus Mecklenburg-Vorpommern bekommen, so Alberto«, so der *Tagesspiegel,* der auch erfuhr, welches Vokabular in Schwedt zur Anwendung kommt, wenn Nichtarier oder deren Abkömmlinge auf deutschem Rasen Fußball spielen. »›Negerhurensohn‹ und ›Ich schlage dich tot‹ waren Worte, die gefallen sein sollen«, in wohl wiederum Anerkennung der Tatsache, daß einer, der nicht muß, aus freien Stücken Schwedt an der Oder als »Heimatstadt« bezeichnet. Das *muß* geradezu als Ironie, als Sarkasmus, als Hohn verstanden werden, als Provokation also, die im deutschen Osten mit gleicher Münze erstattet wird. Ich meine, wie muß man sich als Schwedter fühlen, wenn jemand aus einem von Natur und Geschichte so glücklich bevorzugten Land wie Mosambik kommt und dann die versnobte Stirn hat, sich in einer skandalösen Armutswüste wie Schwedt niederzulassen! Und das Maß der Herablassung dann vollmacht, indem er ehrenamtlich als Ausländerbeauftragter arbeitet, also nicht nur den Schwedtern einen Arbeitsplatz wegnimmt – denn Ausländerfragen weiß man in Schwedt durchaus selbst zu lösen, das ist hier geradezu eine Kernkompetenz –, sondern nicht einmal Geld dafür verlangt! Das muß den Eingeborenen, die zum überwiegenden Teil von staatlicher Alimentation leben, wie genau der Schlag ins Gesicht vorgekommen sein, den sie, insgeheim oder ganz offen, dem Ibraimo dann eben halt verpaßt haben.

Aber wie das so ist mit Juden und Ausländern, die haben ihre Freunde, ganz oben, gegen die kommst du nicht an. Noch 2008 ist der Ibraimo vom damaligen Bundesinnenminister Schäuble als »Botschafter für Demokratie und Toleranz« ausgezeichnet worden. Na prima. Der gemeine Schwedter verbringt seine Tage auf dem Amt oder damit, möglichst alle Farbpixel, die der MDR durchs Kabel schickt, über die Netzhaut einzusaugen und in seinem Hirnrest aufzuschichten, bis es im Oberstübchen so aussieht wie in der Mördergrube, die man ortstypisch auf dem rechten Fleck hat. Und der erstbeste Negerhurenkindsvater, den es aus dem Busch in die Stadt verschlägt, wird mir nichts, dir nichts zum Botschafter ernannt. Vom Innenminister persönlich! Und die Olle vom Ibraimo, die Frau Botschafterin, sitzt dann den lieben langen Tag zu Hause, trinkt Sekt und wird vor Langeweile depressiv. »Bei seiner Ehefrau habe die Situation zu schweren gesundheitlichen Folgen geführt«, hat das Deutschlandradio den Ibraimo zitiert. »Heute ist sie mit 46 Jahren Invalidenrentnerin. 80 Prozent ihrer Depression rührten von der ständigen Angst um ihn und die Kinder, meint der engagierte Sportler. Er hoffe, daß seine Frau in einer befreiteren Umgebung wieder mehr zu sich selbst finde.«

Befreitere Umgebung, genau. Als eine solche darf man sich Schwedt jetzt wieder vorstellen. Jetzt, wo die Negersau weg ist.

»Alberto sprach von weit verbreitetem Schweigen innerhalb der Bevölkerung. Sowohl bei verbalen als auch bei physischen Attacken auf ihn habe man einfach nur zugeguckt, als ob ein ›Spektakel‹ stattfinde. Oft sei er zuerst von Frauen geschlagen worden, weil die Männer sich nicht getraut hätten, ihn als erstes anzugreifen.«

Als ob ein Spektakel stattfinde – war's denn nicht eins? Wie würden Sie das nennen, wenn kettenrauchende Plattenbauruinen mit Dauerwelle auf einen Negerbotschafter einschlagen? Der doch schließlich Boxer ist, nicht wahr; ein Uppercut, und Ruhe wär' gewesen. Jeder Schwedter Ehemann weiß das. Aber mit den Schwedter Sitten und Gebräuchen ist der feine Herr Botschafter halt nie warmgeworden. Integration, von wegen. Aber sich jetzt als Opfer dicketun und irgendwelche Evangelen in der *Süddeutschen* oder wie diese Judenblätter alle heißen herumjammern lassen: »Alles habe er versucht, daß Alberto eine feste Stelle bekommt, aber alles habe letztlich nichts genutzt. Die Ämter in Schwedt, das Jobcenter und das Rathaus, seien ein ›riesiges Netzwerk‹. Eines, zu dem Alberto ›definitiv nicht dazugehört hat. Ich habe gesehen, daß er boykottiert wurde, daß er in Schwedt keine Chance hatte.‹« Natürlich hatte er die nicht, in Schwedt hat überhaupt keiner eine Chance. Was soll also der Quatsch.

»Auf die Frage, ob Jürgen Polzehl, der Bürgermeister der Stadt Schwedt, jemals überlegt habe, ihn fest anzustellen und somit zu unterstützen, entgegnete Alberto: ›Der Bürgermeister hatte ein liebes Herz, aber die Durchsetzung war nicht da. Also Schweigen. Was ist das – Schweigen? Schweigen ist für mich Zustimmung für diejenigen, die immer gegen mich waren. Die haben jetzt gewonnen.‹«

Genau, gewonnen. Warum sollen die, die sonst immer verlieren, nicht auch mal bei irgendwas gewinnen?

Fünfte Station:
Berlin

Die narzißtische Persönlichkeitsstörung zeichnet sich aus durch mangelndes Selbstbewußtsein und Ablehnung der eigenen Person nach innen, wechselnd mit übertriebenem und sehr ausgeprägtem Selbstbewußtsein nach außen. Daher sind diese Personen immer auf der Suche nach Bewunderung und Anerkennung, wobei sie anderen Menschen wenig echte Aufmerksamkeit schenken. Sie haben ein übertriebenes Gefühl von Wichtigkeit, hoffen eine Sonderstellung einzunehmen und zu verdienen. Sie zeigen ausbeutendes Verhalten und einen Mangel an Empathie. Es können wahnhafte Störungen mit Größenideen auftreten.

»Findet sich alles«, pflegt Mutti zu sagen. »Alles ist freundlich wohlwollend verbunden«, schrieb Clemens Brentano. Wenn die wüßten.

Daß ausgerechnet die schreckliche Sibylle Berg, die mit stark meinungshaltiger, jelinesk schonungsloser Durchblickerprosa (»In den Häusern, hör nur, sie schreien sich an, sie trinken und schlagen sich, schlagen die Kinder, ficken die Kinder, ficken sich, schlagen sich«) zeitweilig als »Übermutter der jungen deutschen Literatur« durchging, ausgerechnet als Kolumnistin bei *Spiegel online* eine vollständig vernünftige, geradezu segensreiche Glosse verfaßt hat, die sich mit meinen eigenen einschlägigen Bedenken, was die ewige Berlin- und Hauptstadtnerverei angeht, nahezu restlos deckt, ist wohl eine dieser Überraschungen, die, mit Wilhelm Busch, immer da stattfinden, wo man's nicht erwartet hat.

Ich hatte nämlich, vor Jahren schon und weil die nationale Begeisterung fürs Berlinische schon gar nicht mehr zum Aushalten gewesen war, unter der Überschrift »Notizen aus der Provinz« über den »Segen des mählich Dahinalterns« extemporiert, der, so fand ich, darin liege, »daß man die eine oder andere läßliche Ambition behutsam der eigenen Trägheit und der höheren Vernunft opfert wie z.B. die, jetzt auch einmal da hinzugehen, wo heutzutage alle hingehen; dahin, wo die Leute alle liebenswert verrückt sind und man morgens um fünf auch unter der Woche noch Bier trinken gehen kann, Kreuzberger Nächte und so; dahin, wo die Altbauwohnungen gratis sind, die Straßen breit und man sich, wenn auch sonst nichts gelingen mag, in immerhin der ›spannendsten aller Weltstädte‹ (Matthias Matussek) aufhält; nach Berlin, Hauptstadt der BRD«. Und hatte aber, als unverbesserlicher Dialektiker, im Segensreichen das Furchtbare gleich mit erblickt, weil uns nämlich »gewisse Hysterien und Redundanzen, Hybriditäten und ›Gesinnungszetereien‹ (Jürgen Roth, Frankfurt) jährlich machtvoller auf den Senkel plumpsen wie die unendliche Rede von Berlin als Zentrum der Hipness, des Geistes und der unschlagbaren Urbanität; und wer je mit dem Gedanken gespielt hat, selbst an die Spree zu ziehen, vergißt ihn spätestens dann, wenn er Menschen trifft, die das soeben getan haben und denen beim Besuch in der alten Heimat der dampfende Stolz über die neue Postleitzahl in allerlei gönnerhafte

Reden rutscht. Denn ein Gutteil der Hauptstädterinnen und Hauptstädter ist ja bekanntlich zugezogen, und über die geistige Reife, diese Sensation im Lebenslauf zu verkraften, verfügen längst nicht alle.«

Soweit meine Einschätzung, vor Jahren; und nun, überraschend genug, die analoge Bergsche: »Da gibt es doch kaum einen Grund, Berlin zu schätzen als alternder Mensch. Es macht einen müde, den Eifer zu sehen, mit dem die Jungen glauben, genau ihr Dasein würde sich über alle anderen erheben.« Wo sie recht hat, hat sogar Berg recht. »Berlin ist die Hauptstadt der Angeber. Die richtigen Menschen, die aussehen wie die falschen (nur die Label sind ausgetauscht), verkehren nur an den richtigen Orten. Wie Krieger zischeln sie sich die Namen der neusten Plätze zu, und im Minutentakt kommen SMS mit Adressen illegaler Bars, und mit entschlossenen Gesichtern ziehen sie los, kämpfen sich durch die Touristen. Rührend sind sie, denn sie fühlen sich so unendlich. Millionen kleine Universen, die sich nicht berühren, existieren in der Stadt, segeln aneinander vorbei auf der schnellen Jagd nach etwas, das sie nach einiger Zeit vergessen haben. Und das Leben in Berlin ist bald so wie an jedem anderen Ort der Welt. Nur ein wenig mühsamer. Keinem bekommt es, so viele Menschen zu dicht zu haben.«

Schön, hier kitscht sie wieder ein bißchen, aber wenn ich mit Bergs Sibylle, die anderweitig meist so was schreibt: »Der Gedanke, von einem arbeitslosen, dank zuviel Fernsehen degenerierten Kfz-Mechaniker in einer häßlichen Baracke durch einen schlecht plazierten, weil ungeübten Kopfschuß erledigt zu werden, entbehrt jeden Glamours«, schon mal einer Meinung bin, dann muß an der Meinung doch wohl was dran sein.

Mein letzter Besuch in Berlin ist schon ein Weilchen her, den Grund habe ich vergessen, aber es war in einem der Viertel, die unser zeitgenössischer, ins Etikettieren so verliebter Journalismus ohne das Präfix »Szene« schlicht nicht denken kann. Mit einem Freund ging ich in ein Frühstückslokal. Das Frühstückslokal war, wenn ich mich recht erinnere, ein ausgeräumter Kohlenkeller, das Mobiliar kam fesch vom Sperrmüll, wir saßen im Freien auf einem DDR-Gehweg, am wackelnden Nebentisch saß ein Jungvater in Trainingsjacke, besprach mit einem Beisitzer irgendwas vage Berufliches (Berg: »Am Tag machen sie etwas, mit einem Fahrrad oder Design oder Milchkaffee«), und sein vorschulaltriger Sohn machte einen ordnungsgemäß ungezwungenen Eindruck. Das Frühstück war okay und überdies umsonst, es oblag dem Kunden, ein ihm angemessen erscheinendes Entgelt zu entrichten, was freilich nicht cool, sondern eine völlige Schnapsidee ist. Mir reichen die Stunden, die ich im Supermarkt vor dem Fischregal verbringe, um die ökologische Bedenklichkeit meines Einkaufs im Rahmen zu halten (Wildfisch vs. Aquakultur, polnische Aquakultur vs. norwegische oder türkische, »MSC«-Siegel vs. unverhohlen erfundene à la »Kontrollierte Qualität« usw.), und der ewige Drahtseilakt des Trinkgeldgebens ist weiß Gott anstrengend genug. Ich hab' am Frühstück keinen Spaß, wenn ich mir dafür einen angemessenen Preis ausdenken muß, ich wüßte nicht einmal, was »angemessen« in diesem Zusammenhang bedeutet. Wahrscheinlich, daß Frühstücksnehmer und Frühstücksgeber nach geglückter Transaktion das gute Gefühl haben können, nicht betrogen worden zu sein, ein Gefühl, daß ich nach öffentlichen Frühstücken aber eh nie habe. Auch weiß ich nicht, wie sich Frühstückspreise im allgemeinen zusammensetzen, ich bin auch nie der Ansicht gewesen, ich müßte es wissen, und der Grat zwischen Herablassung und Geiz, den man betritt, wenn man Dienstleistungen auf freiwilliger Basis honoriert, ist schon schmal genug, wie jeder weiß, der Trinkgeld gibt und Lebenszeit damit verbracht hat, sich von Bedienkräften beim hastigen Kopfrechnen überwachen zu lassen.

Ich legte zehn Euro auf den Tisch und ging und dachte: Wenn das der Kommunismus ist, dann muß ich erst zum neuen Menschen werden. Täte mir aber vielleicht nicht schlecht.

Was war das früher schön, als die bundesrepublikanische Hauptstadt noch bloß ein Kaff mit Parlament war und keine Lifestylezentrale mit Weltgeltungsanspruch. Bonn, das war da, wo der Kanzler saß und regierte, und wenn Bonn wollte, wurde das Benzin teurer oder die Vermögenssteuer abgeschafft, alles andere mußte einen Kölner, Frankfurter oder Münchner nicht jucken, der es sich in seiner Halbmetropole gemütlich machen konnte, ohne je auf die Idee kommen zu müssen, dem Land fehle ein kultureller, identitätsstiftender Mittelpunkt, eine Führerstadt gewissermaßen, in der sich irgendeine Idee von Deutschland verdichte. Mindestens instinktiv hielt man das, so man nicht gerade Leserbriefschreiber bei der FAZ war, für Quatsch; und sah als Feuilletonist gelegentlich mitleidig über den Rhein, wo, wie schmunzelnd kolportiert wurde, noch die Asphaltierung eines Feldwegs in der Auvergne von der Pariser Zentralregierung genehmigt werden mußte. Und die leise Genugtuung, daß man selber über diese Art von vorsintflutlichem Zentralismus hinausgelangt war und nicht nur über ein, sondern über mehrere Zentren verfügte, ein jedes aus eigenem Recht, die gab es durchaus; und hier und da die Ahnung, daß das sympathischste Deutschland der letzten Jahrhunderte jenes war, das überhaupt keine Hauptstadt hatte.

Trotzdem tat, kaum daß der antifaschistische Schutzwall gefallen war, ein jeder so, als sei Berlin, wo eben noch die Spalter von Pankow und, schlimmer, Eberhard Diepgen logiert hatten, so etwas wie das natürliche, gottgewollte, unwiderstehliche »Zentrum des Landes« (Dr. Joseph Goebbels), und ließ sich das Erste Deutsche Fernsehen von den Gebührenzahlern die nun wirklich sagenhaft kindische Albernheit bezahlen, aus seiner Berliner Nachrichtenzentrale ein im Weltvergleich singuläres »Hauptstadtstudio« zu machen, in dem seither die Journaille, dem historischen Air des Ortes gemäß, sichtlich weniger kritisch herumsteht als einst im lahmen Bonn, das zu vaterländischen Ergriffenheiten nie einen Anlaß geboten hatte. Wie überhaupt die sture Begeisterung darüber, daß man wieder eine richtige große Hauptstadt auf Weltniveau habe, von jener halb trotzigen, halb anerkennungssüchtigen »Berlin, Hauptstadt der DDR«-Souveränitätsgeste des vergangenen und verlachten Oststaates schon gar nicht mehr zu unterscheiden ist: »Berlin – die Magie unserer Hauptstadt« – das ist keine Schlagzeile aus dem *Neuen Deutschland* von 1987, sondern aus dem *Stern* von 2011.

Sie haben wirklich alle den Verstand verloren; sofern Hurra-Patrioten über einen verfügen.

»Es gibt keinen, überhaupt keinen vernünftigen Grund, Regierung und Parlament nach Berlin zu verlegen ... Vierzig oder fünfzig Milliarden für einen überflüssigen

Umzug aus dem Fenster zu schmeißen kann nur Schwach-sinnigen oder Hochstaplern unter den gegebenen Bedingungen einfallen«, und wenn die Grundannahme unserer kleinen Schrift ist, daß jene halt meistens in der Mehrheit sind, im Vaterlande zumal, rundet sich's hier abermals, der gerechten Einrede Walter Boehlichs zum Trotz, der 1991, als die Entscheidung für Berlin als Hauptstadt fiel, von späteren Banken- und Eurorettungsfantastilliarden, denen gegenüber sich die patriotisch nötigen Umzugskosten wie die legendären Peanuts ausnehmen, aber auch noch nichts wissen konnte.

Nachdem das also geklärt war, konnten gut demokratisch die ersten Repräsentativbauten an die Spree geklotzt werden und durften sich alle, denen es dann doch auf die Größe ankommt, über die Neue Reichskanzlei, hoppla: das neue Kanzleramt als »eines der größten Regierungshauptquartiere der Welt« (Wikipedia, *Bild* u. v. a.) freuen, »achtmal so groß wie das Weiße Haus« und ca. 800mal so groß wie Downing Street Nummer 10 – »wenn Völker große Zeiten innerlich erleben, so gestalten sie diese Zeiten auch äußerlich. Ihr Wort ist dann überzeugender als das gesprochene. Es ist das Wort aus Stein«, um einen legendären, zu seiner Zeit recht populären Kanzler zu zitieren, der den neudeutschen Tanz ums kapitale Kalb sicher begrüßt hätte. Genauso wie den riesenhaften Neubau einer Geheimdienstzentrale, die sich der leidenschaftliche Hobbyarchitekt nicht pompöser, ausdrucksvoller, gewalttätiger hätte ausdenken können.

Das hat ja Churchill mal gesagt: Entweder hat man die Deutschen zu Füßen oder an der Gurgel.

Berlin ist zwar so gut wie bankrott und hat Schulden »in der Größenordnung mancher Drittweltländer« (der Deutschland-Korrespondent der *Times* im *SZ-Magazin*), aber das tut dem ausgestellten Selbstbewußtsein, angeheizt von einer umfassenden Medialinszenierung von Berlin als urbanem Sehnsuchtsort, Coolnesszentrum und Schaltstelle der Macht, gottlob keinen Abbruch. »Es sieht so aus, als sei Berlin die einzige Stadt in Deutschland« (Berg): Daß sich im Schnulzen- und Infotainment-TV schnell alles nach Berlin streckte: »Berlin, Berlin«, »Verliebt in Berlin«, »Berlin-Mitte«, »Unter den Linden« (und Helmut Dietl noch immer in der trendy Torheit steckt, sein legendäres Münchner »Kir Royal« mit einer Berliner Fortsetzung zu versehen), mußte dabei durchaus weniger überraschen als die Bereitschaft der sog. seriösen Medien, beim allgemeinen Gedengel blindlings mitzulärmen und mit reihenweise Berlin-Kolumnen, Berlin-Beilegern und zwischenzeitlich sogar »Berliner Seiten« die beste Hauptstadt der Welt zu feiern. »Die Schriftstellerinnen Julia Franck und Katja Lange-Müller über Leerstellen, Sexszenen und Berlin als Ort des Verlusts« – so öd ist kein Berlin-Klischee, daß es nicht seinen Weg in den *Kultur-Spiegel* fände, aber Kollegin Franck (»Die Mittagsfrau«, Berlin-Friedenau) war halt auch im Bilde: »Berlin ist eine Stadt der Gleichzeitigkeit ... Die Gleichzeitigkeit ist in Berlin womöglich offensichtlicher als irgendwo sonst«, bspw. in Magdeburg oder Peking, wo zwar Tag für Tag haufenweise Säcke umfallen, aber eben niemals gleichzeitig. Das tun sie nur in Berlin.

Drum mußte Suhrkamp halt auch hin.

Denn dieser mythische Ort der Gleichzeitigkeit, war er nicht die Stadt Tucholskys und Marlene Dietrichs? Ist er nicht heute die von Cindy aus Marzahn und Matthias Schweighöfer? Kann davon nicht jeder zehren, der sonst nichts auf den Rippen hat? Im selben *Kultur-Spiegel,* in dem so nachdrücklich für Berlin als Verlusthauptstadt geworben wurde, fand sich auf der letzten Seite die Rubrik »Mit 17 hat man noch Träume«, und wo einer wohnt, interessiert beim üblichen flotten Einleitungsdreier: »Der Regisseur Wolfgang Petersen über enttäuschte Hoffnungen seiner Eltern, Angstschweiß auf Gary Coopers Stirn und deutsches Essen«/»Die Schauspielerin und Autorin Ruth Maria Kubitschek über Neuanfänge, ewige Nebenrollen und die Strafe, mit Fassbinders Leuten zu arbeiten«/»Der Musiker Klaus Doldinger über Vorurteile gegenüber dem Jazz, sittliche Reife und Reisen in klapprigen Flugzeugen« exakt so lange nicht, wie einer nicht aus der Stadt der Städte kommt: »*Der in Berlin lebende* Liedermacher und Schriftsteller Funny van Dannen über Fußball, elektrische Gitarren und weibliche Fans«, denn ein in Berlin lebender Liedermacher ist eben mehr und was anderes als ein Liedermacher, der in Peine, Hof oder Rostock lebt.

Man muß den Berlinern zugute halten, daß ja nicht das Bier schuld ist, wenn man sich an ihm besäuft. Fragt sich nur, was der gesamtdeutsche, insonderheit medial beschäftigte Trinker, der sich diesen täglich trüber werdenden Aufguß aus den immergleich glanzvollen Großstadtsensationen so haltlos in die Birne kippt (FAZ, 19.10.2011: »Der Trendkiez Neukölln erinnert entfernt an das New York der Achtziger«), eigentlich für ein Problem hat. Ist das noch der gute alte deutsche Minderwertigkeitskomplex oder bereits die von M. Matussek gefeierte »neu erwachte, naive Lust an Deutschland«? Oder ist das vielleicht dasselbe?

»Und dann ab nach Berlin / da wo die Leute aus Heimweh hinziehn« (Jochen Distelmeyer). Denn wir gehen, sagt Novalis, immer nur nach Hause. Und das muß uns jetzt gar nicht mehr peinlich sein. Sondern schon sehr im Gegenteil.

Andererseits (und weil wir schließlich nicht hier sind, um Nachsicht zu üben) ist Berlin zumindest den jungen Zugezogenen nach wie vor Lebensentwurf und Großaufgabe, »eine Identität. Ein Weltbild. Ein Programm. Die Kunst des Lebens« (Jörg Fauser in anderem Zusammenhang), als sei es Ausweis unerhörten Gemüts- und Geistesadels, einen Umzugslaster zu mieten, ihn irgendwo in Kreuzberg zu parken und für den Döner bloß noch einsfuffzich zu zahlen. Ich erinnere mich an eine Nacht auf einem rheinhessischen Provinzbalkon, am Ende eines »von diesen Festen, wo man all die Leute trifft, die man schon viel zu oft getroffen hat« (Osti Osterwold), ich war Student und der Abend so sensationslos verlaufen, daß ich das furchtbar unschöne Gefühl hatte, noch einmal siebzehn zu sein; dann auf dem Balkon dieses Fräulein, vor kurzem von praktisch diesem Balkon weg nach Berlin gezogen. Ich: Vielleicht würde ich auch nach Berlin ziehen, aber ich hab' hier meine Leute. Sie: sagt darauf etwas unerhört Herablassendes und schaut mich an, als hätte ich gesagt, ich wisse nicht, wie man U-Bahn fährt. Ihr Blick fragte: Wie kann man freiwillig in einem *Slum* bleiben, wenn man doch am Mittelpunkt der Welt leben kann? Für praktisch umsonst?

Sie hatte schnell gelernt.

»Was machst du so?« – »Ich leb' in Berlin« – kein Wunder,
daß eins vor Bedeutung nicht mehr klar denken kann,
wenn sämtlichen Kulturbetriebskantinenwirten und -wir-
tinnen bei der bloßen Nennung der Chiffre »Berlin« re-
flexhaft Jroße Weite Welt durch den Bregen zappelt und
es seit zwanzig Jahren genügt, ein Erzählwerk in »Kreuzberg, Kante Mitte und Mitte, Kante Kreuzberg« (Raul Zelik, *Berliner Verhältnisse*) spielen zu lassen, um auch den
stilfernsten Sums (Raul Zelik, *Berliner Verhältnisse*) mit den
Weihen des »Berlin-Romans« zu versehen. Bzw., andersrum: »Berlin ist ein Roman«, wie die allerärmste Seele des
deutschen Zeitgeistjournalismus früh festzustellen nicht
umhinkonnte. Ohne dabei freilich über die Autorschaft
dieses Romans Mitteilung zu machen, da gibt's ja gewisse
Qualitätsunterschiede; am Ende ist Berlin ein Roman von
Reinhard Mohr, und damit wäre ja nun wirklich keinem
geholfen.

Dieser Roman jedenfalls wird längst nicht mehr nur von
Lebenskünstlern, Studenten und anderen losen Vögeln
geschrieben. Auch in Berlin wird eifrig gentrifiziert und
ziehen die Leute mit Geld in die Viertel der Leute ohne
Geld, weil das nämlich schick ist und bunt und nicht so
angepaßt, und die Mieten steigen, und hastenichgesehn
hat sich in dem, was in Berlin so inbrünstig »Kiez« heißt,
ein junges, zeitgeistvolles Bürgertum festgesetzt, das
seine Klobürsten bei Manufactum kauft und seine Kinder nicht mit Kindern spielen läßt, deren Eltern nicht
wissen, wo es im Viertel den besten Bio-Cappuccino gibt:
»Schließlich«, zitierte die *Frankfurter Allgemeine Sonntags-
zeitung* in einer Geschichte über Eltern, die ihre Kinder,
ehrlich wahr, »sozial homogenisieren«, eine solche Pren-

zelbergerin, »wolle sie, die ihren Kindern nachmittags einen Obstteller zubereitet und zu sinnvoller Beschäftigung anregt, nicht, daß sie anderswo die ganze Zeit fernsehen und Chips essen.« Sinnvolle Beschäftigung, Obstteller: das Alter fürchtet sich ja immer ein bißchen vor der Jugend; vor diesen perfekten, giftfreien Geschöpfen, die den Schmutz der Straße nicht mehr kennenlernen, darf es das aber auch. Und die gibt es in Hamburg-Eppendorf und München-Haidhausen zwar auch, aber solang etwas nicht in Berlin passiert, passiert es ja praktisch gar nicht.

Und so kommt, durch die hauptstädtische Vordertür, selbst die verpönte Gemeinschaftsschule noch zu Ehren, sofern sie nur im richtigen Stadtbezirk steht. In Prenzlauer Berg, teilte abermals die FAS erstaunt mit, »begeistern sich bildungsbewußte Eltern für eine Gemeinschaftsschule. Gemeinsamer Unterricht bis Klasse zehn, und das in Gruppen, die jeweils drei Jahrgänge umfassen ... Bruno zum Beispiel hat sich ein eigenes Rechenhaus ins Arbeitsheft gemalt ... einen Tisch weiter malt Paul anstelle von Ziffern Punkte in die Kästchen wie bei einem Würfel ... Frieda malt große und kleine Gs auf Linien. Josefine blättert im Duden. Natalie schreibt ihre Wettergeschichte fertig. Eloise läßt sich von ihrer Nachbarin die Arbeitsanweisung auf der nächsten Seite vorlesen.« Und während Bruno, Paul, Eloise und Natalie ihre kindliche Kreativität voll einbringen und ausspielen und es dabei an Solidarität nicht mangeln lassen, interessieren sich ein paar Bezirke weiter die Eltern von Öslem, Kevin und Cindy natürlich kein bißchen für dieses ambitionierte Projekt, was wieder typisch ist für ein Milieu, das sich partout nicht helfen lassen will – bitte sehr, selber schuld.

Insgesamt also eine prima Sache; bloß die Elternabende stell' ich mir anstrengend vor.

Bzw. die Eltern.

Die nämlich, da bin ich sicher, allesamt ca. dieser Güteklasse sind: »Wer hätte gedacht, daß sich Moscheen mit flauschigen Teppichböden hervorragend als Indoorspielplatz für Krabbelkinder eignen? Wer kennt sich aus mit dem biometrischen Paßbild für Säuglinge? Und wer kann eine günstige Auslandsreiseversicherung für Familien mit Baby empfehlen, die nach Neuseeland fliegen? Das sind nur einige der Fragen, die sich immer mehr junge Eltern in Deutschland nicht nur auf der Internetseite nepomuksreisen.de stellen. Denn seit die schwarz-rote Koalition 2007 das Elterngeld eingeführt hat, werden so viele Kleinkinder mit auf Reisen rund um den Globus genommen wie wohl nie zuvor in der Geschichte der Bundesrepublik«, meldet die Frankfurter Allgemeine Tagespresse eine neue zeitgenössische Sonderidiotie. »Reisen mit Kind boomen: So spricht man im Berliner Reisebüro ›Prenzlauer 200‹ von einem ›starken Zuwachs‹ bei Abschlüssen von Familien mit Kindern zwischen sechs Monaten und drei Jahren. Und die zweitgrößte deutsche Fluggesellschaft, Air Berlin, hat nach eigenen Angaben 2010 im Vergleich zum Vorjahr einen Zuwachs im zweistelligen Prozentbereich bei den unter Zweijährigen verbuchen können.«

Abseits der Frage, was Säuglinge und Krabbelkinder, von dringenden Fällen abgesehen, in einem Flugzeug verloren haben, das ja nicht mal eben nach Mallorca fliegt, sondern, wenn schon, »nach Chile, Neuseeland, Thailand, Kalifornien«, und warum es von den vollurbanen Dummköpfen und *Nido*-Lesern, die außer angeben und ausgeben naturgemäß nichts auf der Agenda haben, zuviel verlangt ist, mit Kindern in einem Alter, wo einem Reisen noch sehr egal ist, an irgendeine deutsche oder dänische Küste zu fahren, freut es uns Zeitkritiker aber doch ganz außerordentlich, wenn sich unsere Vorurteile so folgsam bewahrheiten und die einschlägigen Lifestyle-Esel natürlich wie bestellt und wieder mal, wer sagt's denn: vom Prenzlauer Berg sind.

Und freilich auch noch stolz darauf.

Die westdeutschen Landsleute, denen 2008 zum ersten Mal ein autonomes Prenzelberger »Schwaben raus!« galt, konnte die *Stuttgarter Zeitung,* der vor Schreck die Kontrolle über ihre Metaphern entglitt, noch als Synonym gelten lassen »für jene Zugereisten, die es sich leisten können, in teuer sanierten Altbauwohnungen zu logieren und dennoch Geld fürs Leben übrig zu haben. Wer früher hier wohnte, bevor Investoren in den Kiez Einzug hielten, um die abgewirtschaftete Bausubstanz aufzuforsten, kann sich das nicht mehr leisten.« Die *Süddeutsche Zeitung,* von Haus aus keine Klassenkämpferin, nahm's lieber kulturalistisch: »Das Ganze verhält sich also ähnlich wie mit der Verachtung des Bayern für den Preußen. So schimpft der Bayer alle Menschen, die außerhalb seiner freistaatlichen Stammesgebiete leben«; und wie zur späten Bestätigung der frivolen Rede von Stamm und Staat füllten sich die Fernseher 2011 mit Berichten, wonach der Berliner Kiezbewohner, unabhängig vom Sozialstand, auch die vielen Durchreisenden nicht mehr ästimiert: Berlin den Berlinern.

Von uns aus gern.

»In diesem Jahr sind die Erlebnistouristen, die den Ber-

liner Sommer so schwierig machen, besonders aufdring-
lich. Man fühlt sich wie ein Massentourist in der eigenen
Stadt«, pochte selbst die Popmusikerin (und, versteht sich,
gebürtige West-Provinzlerin) Christiane Rösinger, die, es
ist noch gar nicht so lange her, mit den erwähnten »Lassie
Singers« mal ziemlich cool war, in einem Dossier der linken *Jungle World* auf ihr Heimatrecht. »Es wäre ja kein Problem, wenn die Besucher im Zentrum, am Brandenburger
Tor oder vor dem Wachsfigurenkabinett bleiben würden,
aber nein, sie kommen so gerne nach Kreuzberg, um hier
ein Lebensgefühl zu besichtigen, und zerstören durch
ihr haufenweises Auftreten jedes Flair.« Das der Szene-
Berlinerin, anders als ihrer metropolitanen Kollegin in
New York oder London, nämlich wie von ungefähr ganz
allein gehört. Aber so ist das nun mal mit dem distink-
tionsrelevant Devianten: Irgendwann wird's vom Main-
stream eingemeindet und Pop; seltsam genug, daß das
eine (und sei's auch kleine) Angestellte des Popgeschäfts
nicht weiß und, dem speziellen *genius loci* folgend, lieber
etwas fordert, was dem Umgang mit Asylbewerbern schon
ziemlich ähnelt: »Vielleicht könnte man den Besuchern
irgendwie abgewöhnen, mit so einer arg lauten, lässig penetranten Art, als gingen sie durch einen großen Freizeitpark, der eigens zu ihrer Belustigung errichtet wurde, die
Straßen und Cafés zu bevölkern? Oder sie dazu bewegen,
sich auch ein bißchen auf andere Bezirke zu verteilen?«
In Städten wie Bochum, die zwar arm, aber unsexy sind,
hat die Einschätzung, die Hauptstadt sei ein fremdfinan-
zierter Freizeitpark, der eigens zur Belustigung kreativen
Jungvolks eingerichtet worden ist, womöglich gar nichts
Exotisches mehr; und wenn es so ist, daß die neue groß-
städtische Behaglichkeit sich eine »multikulturell reno-

vierte Dorfgemeinschaft« wünscht (Magnus Klaue), dann muß man wohl verstehen, daß da nicht jeder hergelaufene Zigeuner durch die Rabatten stiefeln kann.

Es wird wohl doch so sein, wie Tucholsky mal schrieb: daß das Provinziellste überhaupt unsere Großstädter sind.

Aber man soll sich auch nicht in seinen Ressentiments vergraben, dazu hat man noch Zeit, wenn man mal in Rente ist. Die schönste Ehefrau von allen z.B. ist gerade auf dem Weg nach Berlin, um da eine Freundin zu besuchen, und sie ist, was die »Hauptstadt der Welt« (Hitler) angeht, ein bißchen gnädiger als ich. Seit Monaten liegt sie mir in den Ohren, sie wolle mal wieder nach Berlin, und ich hab' ihr versprochen, ich komm beizeiten mit, gibt ja auch gute Leute da. Jedenfalls – Moment, sie schreibt mir eben:

»O Gott, diese Berlinfuzzis bevölkern bereits den Zug! Ich glaub', ich bin seit meinem letzten ›Hauptstadt‹-Besuch nicht toleranter geworden ... Bin ja eigentlich recht freundlich, aber dieser Zug nach Berlin schafft mich.«

Tja. Meine!

Berlin, ach Jottchen – soll, andererseits, da hinziehen, leben und wesen, wer und warum er will, und sich der »Überschätzung der Frage, wo man sich befinde« (Musil) widmen, denn die »stammt aus der Hordenzeit, wo man sich die Futterplätze merken mußte«, und der Horde hinterher muß der Deutsche eben immer. Und ob das allgemeine Geschrei und Gewürge einer ohnehin »zunehmend durchgedrehten Öffentlichkeit« (Gustav Seibt bereits 1989) nun um die erwähnten und ungezählten

Hauptstadtkrämpfe noch erweitert und vergröbert wird oder nicht, ist am Ende nur ein graduelles Problem; wie die perennierend »angemaßten Bedeutungen« (ders.) und der provinzielle Stolz des Berliner Weltstadt-, Kiez- und Trendvolks – »Wir hier in Berlin« (D. Kuhlbrodt, *Taz*, mit kaum meßbarer Ironie) – ja auch nur zeigen, daß zur Weltstadt halt auch der Weltbürger gehört, den vom zwangsurbanen Wichtigtuer Selbstdistanz, Souveränität und Beweglichkeit trennen sowie die Kenntnis, daß die Tinte, in der man hockt, woanders andersfarbig sein mag, aber doch Tinte bleibt. »Wir kehren alle wieder heim zu uns. Immer wieder. Nichts blöder als das Geschwätz von dem neuen Leben, das einer anfangen könnte, in uns sitzt es. In uns bleibt es« (Fallada), ob nun in Friedrichs- dorf, Friedrichshafen oder Friedrichshain. Alles andere ist doch bloß Tapete und Design; weswegen wir dem ideellen Gesamt- und Berufsberliner noch rasch zurufen möchten: Komm ma wieda runta, Meesta; bringt doch nüscht. Oder, mit Oma zu singen:

Du bist verrückt, mein Kind,
du mußt nach Berlin!
Wo die Verrückten sind,
da gehörst du hin.

(Vgl. hierzu auch *Hannoversche Allgemeine Zeitung* vom 27. 7. 2010: »Margot Käßmann zieht von Hannover nach Berlin. – Nach Informationen der HAZ ist Käßmann nach Berlin gezogen ... Erst vor etwas mehr als zwei Wochen hatte die 52jährige im Berliner Dom gepredigt. *Dabei war der Andrang so groß, daß die Kirche wegen Überfüllung ge- schlossen werden mußte.*«)

Sechste Station:
Dresden

*Wahn: inhaltliche Denkstörung mit Verlust des Bezugs zur
allgemein akzeptierten Realität bei subjektiver Gewißheit und
Unkorrigierbarkeit des Denkinhalts; i.d.R. kann der Wahn
von anderen nicht geteilt werden (Ausnahme: induziertes
Irresein).*

»Wenn es zutreffen sollte, daß ich nicht nur weiß, was
schlimm und häßlich, sondern auch, was schön ist, so
verdanke ich diese Gabe dem Glück, in Mönchengladbach
aufgewachsen zu sein.«

Wäre Erich Kästner nicht in Dresden, sondern in
Mönchengladbach groß geworden, vielleicht wäre er
nicht nur als Volksdichter, linker Melancholiker und
Kinderbuchautor im Gedächtnis geblieben, sondern
auch als schwarz-weiß-grüner Fußballfan; aber diesen
Satz, den hätte er, trotz Netzer, sicher nicht geschrieben. Das läßt sich zwar nicht beweisen, aber wenn man
sich das Leben des nur anderthalb Jahre älteren Joseph
Goebbels besieht, der aus Rheydt stammt, das heute
zu Mönchengladbach gehört, dann möchte man es für
sehr unwahrscheinlich halten, der kleine Joseph habe,
seinem Dresdner Generationsgenossen gleich, »die
Schönheit einatmen [dürfen] wie Försterkinder die Wald-

luft«. Nein, ein Dr. Joseph Goebbels konnte unmöglich aus Dresden oder auch nur etwas Dresdenähnlichem stammen, so wie Kästner, der gute Zivilist, geradezu aus Dresden stammen *mußte,* diesem bescheidenen, unpreußischen, heiter barocken Florenz an der Elbe, das, wie sonst bloß noch Weimar, fürs gute alte Deutschland steht. Mönchengladbach (Heimat auch von Charlotte Roche, was unsere Annahme bekräftigt), Siegen, Pforzheim und wie die betonierten Beiprogramme für bundesdeutsche Fußgängerzonen alle heißen sind das Land, wie es aussehen mußte nach dem mörderischen Krieg und dem unbedachten Wiederaufbau, und diese Wüsten mögen auch verschonte Städte wie Heidel- oder Bamberg zu irrealen Kitschbildern machen, deren Unversehrtheit und Idylle etwas Unehrliches, bloß Vorgetäuschtes, Heimatfilmartiges hat.

Dresden freilich ist da anders.

Dresdens Schönheit strahlt ehrlich, weil sie dem Kriege abgerungen ist und das böse Erbe, durchaus im Hegelschen Sinne, aufhebt, statt es an eine falsche Idylle zu verraten. Dresdens wiedererstandene Schönheit mahnt, und jede Ruine, die keine mehr ist, ruft freudvoll zitternd ihr »Nie wieder!« ins deutsche Land, das in Dresden all das wiederauferstanden sieht, was die grimmen Mächte der Geschichte geschleift und zertreten haben: Schönheit, Tugend, zivilgesellschaftlichen Geist, wie ihn Dresden repräsentierte und wie er vergewaltigt worden ist durch den Wahn eines österreichischen Postkartenmalers[2]

2 »Sehen wir uns den Stand der Zivilisation in Dresden zur Zeit des Nationalsozialismus einmal genauer an. Da meldet der Sicherheitsdienst Ende November 1940, daß die Wochenschauberichte in der Bevölkerung von Dresden erstaunlich wenige Diskussionen auslösten.

und, scheinbar final, durch dessen Besieger, die das gute Deutschland[3] mit dem schlechten auslöschten, das gute Deutschland, das so unverwechselbare Gestalt hatte in der kunstsinnigen,[4] zivilen, sich gleichsam unter dem Krieg wegduckenden Stadt,[5] die in den letzten Tagen des Krieges einem Angriff erlag, der mit dem ehemaligen sächsischen Ministerpräsidenten Milbradt bloß »sinnlos« genannt werden kann.[6]

Mit einer Ausnahme. ›Gleichbleibend größtes Interesse wird ... allen Aufnahmen des Führers entgegengebracht. Es sei geradezu so, daß eine Wochenschau ohne Bilder des Führers nicht für vollwertig gehalten werde. Man wolle immer sehen, wie der Führer aussehe, ob er ernst sei oder lache. Dagegen äußere man sich allgemein sehr enttäuscht, daß man seit langer Zeit im Rahmen der Wochenschau nicht auch die Stimme des Führers habe hören können.‹« Gunnar Schubert, *Die kollektive Unschuld. Wie der Dresden-Schwindel zum nationalen Opfermythos wurde,* Hamburg 2006, S. 32.

3 »Heute stellt man Dresden gern so dar, als existierte es, bedingt durch die isolierte Lage in der Elbtalwanne, außerhalb von Zeit und Raum, als sei es im Barock verblieben ... Tatsächlich hatte die Stadt die höchste NSDAP-Mitgliederdichte pro Kopf im ganzen Reich. Bereits das Jahr 1933 war eine große Siegfeier. Im März verlieh die Stadt Hindenburg und Hitler die Ehrenbürgerschaft. Am 1. Mai wurde der Platz vor der Semperoper, der Theaterplatz, in Adolf-Hitler-Platz umbenannt.« Ebd., S. 32 f.

4 »Auch sonst spielte Dresden in Sachen Kulturbarbarei eine Vorreiterrolle. Bereits am 8. März 1933 brannten in Dresden und fast zeitgleich in zwei weiteren sächsischen Städten reichsweit erstmals Bücher ... Aber auch am offiziellen Tag der Bücherverbrennungen im ganzen Reich gab es in Dresden ein Autodafé ... Nach einem Umzug wurde der ›intellektuelle Schmutz‹ an der Bismarcksäule verbrannt. Remarque, Mann, Tucholsky, Marx ...« Ebd., S. 79.

5 »Welche Rolle Dresden als militärischer Stützpunkt, ab April 1945 auch offiziell als Festung, spielte, ist oft beleuchtet worden. Noch in den letzten Tagen wurde in der Stadt hart gekämpft. Rund 200 Sowjetsoldaten haben in den Maitagen noch sterben müssen. Und als der Parlamentär Rainer Fetscher mit der weißen Fahne am 8. Mai den Befreiern entgegenging, wurde er aus dem Hinterhalt erschossen.« Ebd., S. 35.

6 »Noch am 27. März – obwohl der Krieg ja schon vorm 13. Februar

Auch der damalige Bundespräsident Horst Köhler wußte in seiner Rede zur feierlichen Wiedereröffnung der Dresdner Frauenkirche am 30. Oktober 2005, daß es im Februar 1945 mit Dresden auf bitter ironische Weise die unbedingt Falsche getroffen habe, und nannte die Frauenkirche, rückblickend, »eine schmerzliche Erinnerung und eine Wunde, ihre Ruine ein Mahnmal gegen Zerstörung und blinde Gewalt«, gegen den alliierten Vandalismus mithin, der sich noch immer als »praktizierter Antifaschismus, zu welchem es leider keine Alternative gab«,[7] bemäntelt. Wie sprach der große Dresdner Gerhart Hauptmann, von Köhler korrekt zitiert: »Wer das Weinen verlernt hat, der lernt es wieder beim Untergang Dresdens«[8] – doch hat sich Dresden, unser Dresden, aus der Asche erhoben, ist auferstanden aus Ruinen, wie es in der Hymne der zweiten deutschen Diktatur[9] so treffend hieß.

So ist Dresden in seinem neuen alten Glanze nicht nur »eingedenk eigener Schuld an seiner Vergangenheit«, wie die Präambel der sächsischen Landesverfassung ohne

längst entschieden war, wie jeder anständige Dresdner weiß – wurden mit dem letzten der über 180 Transporte aus Berlin 18 Juden nach Theresienstadt gebracht. Ohne dieses Wissen notierte an diesem Tag Victor Klemperer, nachdem er vom Vormarsch der Alliierten gehört hatte: ›Das ist ein gewaltiger Schritt auf die Vernichtung Deutschlands zu; aber es nimmt uns nicht die Last von der Seele: Mit diesem Volk wird sich dieses Desperado-Regime wirklich bis zum letzten Dorfe wehren.‹« Ebd., S. 41.

7 Ebd., S. 9.

8 »Als Thomas Mann erfährt, was das Vorbild für seinen Pepperkorn aus dem *Zauberberg* ausgestoßen hat, schreibt er in sein Tagebuch: ›Hauptmann, in der D. Allgem. Zeitung, vergoß Tränen (›Ich weine‹) über Dresden. Über sonst nichts.‹« Ebd., S. 146.

9 »... ausgehend von den leidvollen Erfahrungen nationalsozialistischer und kommunistischer Gewaltherrschaft ...« Verfassung des Freistaates Sachsen, Präambel.

Wenn und Aber einräumt, sondern auch ein Symbol für die Macht der Versöhnung: Unsere Schuld, und sei sie im Einzelfall auch erklärlich und den Umständen einer menschenverachtenden Terrorherrschaft geschuldet, ist uns vergeben worden, wie auch wir jetzt vergeben unseren Schuldigern – das »Kriegsverbrechen Dresden«, so hat es die große liberale Tageszeitung *Die Welt* noch im Jahr 2007 erst wieder genannt, dieses barbarische Todesurteil, gesprochen über eine Unschuldige, sei von uns mit derselben Großzügigkeit nachgesehen, mit welcher die vielen ausländischen Spender den Wiederaufbau eines zentralen Symbols von Krieg, Haß und deren Überwindung, der Frauenkirche zu Dresden, ermöglicht haben, damit den Geist der Versöhnung nach Europa und in die Welt zu tragen.[10]

Dresden ist heute wieder die Hauptstadt des Freistaates Sachsen, eines Landes, das sich gerade nach den Erfahrungen aus 40 Jahren kommunistischer Diktatur den besten republikanischen Traditionen verpflichtet sieht.[11]

10   »Selten spricht einer so klar aus, welcher Sinn und Zweck hinter dem Aufbau und dem ganzen Mummenschanz von Versöhnung, Frieden und Handreichen steckt wie das Kuratoriumsmitglied der Frauenkirche Hans-Olaf Henkel: ›Und wodurch entsteht Wettbewerbsfähigkeit? Nimmt man die Frauenkirche als Vorbild, so muß an erster Stelle das Abräumen der Trümmerhalde stehen. Alles beiseite räumen, was sich aufgetürmt hat und jeden Neuanfang behindert. Für mich gehört dazu auch das Festhalten an der ›Erbsünde‹, die ewige Wiederholung einer Schuld, die den Menschen ihren Mut nimmt und ihnen nur ein schlechtes Gewissen einredet. Was wir aber brauchen, ist Mut. Die ständigen Schuldbeteuerungen unserer Politiker können nichts an der Vergangenheit wiedergutmachen. Aber sie lähmen unsere nachwachsenden Generationen und verbauen ihnen die Zukunft. Sie verhindern, daß die Deutschen sich endlich wieder selbst bejahen können.‹« Schubert, S. 85 f.
11   »Wie kein anderes Bundesland hat Sachsen über Jahre hinweg eine Serie unglaublicher Verletzungen des Rechtsstaates produziert ... Im-

Der Ungeist von Nationalismus, Militarismus und Rassismus hat in Dresden nach wie vor keine Chance.[12] Dafür ist die Stadt wieder die Heimat von Kunst, Intellekt und Geist: von der legendären »Herkuleskeule«, dem wortmächtigen Kabarett der absoluten Spitzenklasse,[13] über den gebürtigen Dresdner, großen Dichter[14] und Universal-

mer wieder werden eklatante Fälle staatlichen Machtmißbrauchs und polizeilicher Willkür bekannt ... Der Freistaat, diagnostiziert der Berliner Geschichtsprofessor Wolfgang Wippermann, sei das ›rechtskonservativste und unfreieste Land der Republik‹.« *Der Spiegel* 31/2011, S. 25.

12 »Politik und Justiz haben den Neonazis vermittelt: Ihr dürft marschieren, ihr werdet beschützt. Für alle Gegendemonstranten war es ein ernüchternder Tag ... Ich hätte mir gewünscht, die Polizei wäre mit Gegendemonstranten toleranter umgegangen. Ich erkenne an, daß der Staat auch seinen Feinden das im Grundgesetz verbriefte Recht auf freie Meinung gewährleisten muß. Aber ich fordere das gleiche Recht auch für alle jene, die gegen die Faschisten auf die Straße gehen ... Vertreter des Jenaer Aktionsnetzwerks gegen Rechtsextremismus, die in Bussen nach Dresden gereist waren, um gegen die Neonazis zu demonstrieren, wurden von der Polizei aufgehalten. Eine Demonstration entlang der Täterspuren der Nazis in Dresden hat die Polizei geräumt. Gleichzeitig durften die Rechten mit Fackeln durch die Innenstadt marschieren. Das alles ist schwer zu verstehen.« Der Oberbürgermeister von Jena, Albrecht Schröter, im Gespräch mit *Spiegel online*, 18.2.2011.

13 »Politik und Justiz haben den Neonazis vermittelt: Ihr dürft marschieren, ihr werdet beschützt. Für alle Gegendemonstranten war es ein ernüchternder Tag ... Ich hätte mir gewünscht, die Polizei wäre mit Gegendemonstranten toleranter umgegangen. Ich erkenne an, daß der Staat auch seinen Feinden das im Grundgesetz verbriefte Recht auf freie Meinung gewährleisten muß. Aber ich fordere das gleiche Recht auch für alle jene, die gegen die Faschisten auf die Straße gehen ... Vertreter des Jenaer Aktionsnetzwerks gegen Rechtsextremismus, die in Bussen nach Dresden gereist waren, um gegen die Neonazis zu demonstrieren, wurden von der Polizei aufgehalten. Eine Demonstration entlang der Täterspuren der Nazis in Dresden hat die Polizei geräumt. Gleichzeitig durften die Rechten mit Fackeln durch die Innenstadt marschieren. Das alles ist schwer zu verstehen.« Der Oberbürgermeister von Jena, Albrecht Schröter, im Gespräch mit *Spiegel online*, 18.2.2011.

14 »Ihr da, an Deck bleigrauer Flugzeugträger, blutjunge Piloten,/Vergeßt nicht, wenn ihr aufbrecht mit der tödlichen Fracht:/(...)

gelehrten[15] Durs Grünbein und den Träger des Deutschen Buchpreises Uwe Tellkamp, der mit seinem autobiographisch grundierten Roman *Der Turm* eindrucksvoll an Dresdens Schicksal in Deutschlands dunkelsten Jahren erinnert hat,[16] bis hin zu Arnulf Baring, der, Sohn der Stadt auch er, noch im Alter lustvoll streitet für Freiheit und Demokratie.[17]

Zerfetzt nur die Alte draußen auf freiem Feld, niemand wird/Weinen um sie, die Bäuerin, die bei der Kuh blieb aus Gram.« *Pax Americana, FAZ*, 28.9.2001.

15 »Durs Grünbein – der geniale Dampfkessel. Er hat in jedem Fach ein Wörtchen mitzureden, sei's Archäologie, Psycholinguistik, Neurobiologie, Kybernetik, Quantenmechanik, Embryologie oder Volkswirtschaft: ›Ökonomisch betrachtet, geht mit dem Boom der Biowirtschaft eine Neuverteilung der sogenannten Schlüsselindustrien einher. Bereits jetzt sind die Auswirkungen auf dem Aktienmarkt spürbar‹, teilt er uns mit und findet nebenher noch Zeit zu elektrotechnischen Betrachtungen: ›Elektrotechnisch betrachtet, arbeitet Sprache in der Dichtung immer nach dem Prinzip Speicherung und Entladung, Widerstand und Kondensator.‹ Womit der Physik-Nobelpreis für Grünbein in greifbare Nähe gerückt sein dürfte.« Gerhard Henschel, *Das singende, klingende Nichts. Vierzehn Variationen über Durs Grünbein*, TITANIC 1/2002, S. 23.

16 »Der Mann, der sich an Liebesmahlen und Gelagen nicht beteiligt, hat mit dem ›Turm‹, der jetzt den Deutschen Buchpreis zugesprochen bekam, wahrscheinlich den Roman des Jahrzehnts geschrieben. Den ultimativen Roman über die DDR, diese lächerliche sowjetische Satrapie auf deutschem Boden. Und zwar aus der Sicht derer, die nicht eine Sekunde daran zweifelten, daß sie dagegen waren. Das allein ist schon, nach all dem Wischiwaschi der Christa Wolfs, Volker Brauns, Christoph Heins und tutti quanti, eine nahezu erlösende Tat. So klar antikommunistisch, so voller schneidender Verachtung für das Proleten- und Kleinbürgertum, das 40 Jahre lang im Ostteil dieses Landes sein Gift verspritzen durfte, hat noch keiner, der aus diesen Breiten kommt, den Stab gebrochen.« Tilman Krause, *Die Kraft zu widerstehen, Die Welt*, 15.10.2008.

17 »Schon 2002 sah Arnulf Baring (*Bild:* ›Deutschlands klügster Historiker‹) die Bundesrepublik als ›DDR light‹, regiert von einer ›drohnenhaften Herrschaftskaste‹ aus ahnungslosen Politikern und wehrlos ohne eine Notstandsverfassung à la Weimar. Deshalb fand

Dresden lebt aber keinesfalls bloß in der Vergangenheit, sondern ist eine moderne,[18] ist eine kreative,[19] eine
soziale Stadt,[20] in der, zum Wohle aller, langfristig ge-

Baring, die Situation sei reif für ›einen Aufstand gegen das erstarr-
te Parteiensystem. Ein massenhafter Steuerboykott, passiver und ak-
tiver Widerstand, empörte Revolten liegen in der Luft.‹ Antizipierte er
den Zusammenbruch der Finanzmärkte und die steuerfinanzierten
Milliardenrettungspakete für Banken? Nein, es ging um die staatliche
Unfähigkeit zum echten Sozialabbau.« Susanne Gaschke, *Die Neunmal-
klugen, Die Zeit* 43/2008.

18 »Das Welterbekomitee der UNESCO hat das Dresdner Elbtal von
der Liste der Welterbestätten gestrichen ... Grund ist der umstrittene
Bau der Waldschlößchenbrücke, der bereits in vollem Gang ist. Mit
der Entscheidung verliert erstmals eine Kulturstätte das begehrte
Gütesiegel der UN-Kulturorganisation. Die Delegierten aus 21 Staaten
folgten in Sevilla einer Empfehlung des Welterbezentrums in Paris.
Nach Auffassung der UNESCO wird die vierspurige Autobrücke das
Elbtal irreversibel zerschneiden und die einzigartige Kulturland-
schaft mit ihren Flußauen zerstören. Einen Tunnel hätte das Welterbekomitee als Kompromiß akzeptiert. ›Das ist ein sehr trauriger Moment‹, sagte die Präsidentin des Gremiums, María Jesús San Segundo,
sichtlich bewegt. Es sei ein großer Verlust, wenn man das Welterbe
aberkenne. ›Damit ist Dresden von der Liste gestrichen.‹« nachrich-
ten.t-online.de, 26.6.2009.

19 »Claus Faber ist Marketingexperte, ihm gehört die Dresdner
Agentur Faber und Marke. Der Werber kennt das Problem: Irgendwann wird, nach Jahren der Debatten, dann doch gebaut. Aber keiner
kann noch die Namen der Projekte ertragen. Waldschlößchenbrücke.
City-Tunnel. Man will es einfach nicht mehr hören. Auch die Stadt
Dresden hat das erkannt. Sie rief gerade ihre Bürger dazu auf, Na-
mensvorschläge für die ohnehin längst berühmteste Brücke der Stadt
einzureichen.« Anne Hähnig, *Wie heißt es so schön?, Die Zeit* 41/2011.

20 »Im März 2006 beschloß der Stadtrat den Verkauf der Wohnungs-
baugesellschaft WOBA Dresden an die US-amerikanische Investment-
gesellschaft Fortress Investment Group LLC. Dadurch wurde Dresden
zur ersten schuldenfreien Großstadt Deutschlands, weil die eingenommenen 982 Millionen Euro zur Tilgung der 741,4 Millionen Euro
Schulden verwendet werden konnten. Da die WOBA besonders viele
Wohnungen des Sozialen Wohnungsbaus anbietet, war der Verkauf
umstritten und löste ein breites Medienecho aus.« Wikipedia, s.v.
»Dresden«.

dacht und geplant wird[21]. Die Zivilgesellschaft floriert,[22]
das Klima ist, über Berufs-, Partei- und ideologische Grenzen hinweg, freundschaftlich und offen,[23] und wenn der
große Dresdner Erich Kästner[24] einst klagte, sein geliebtes

21 »Zum 31. Dezember 2009 betrug laut Statistischem Landesamt
die Schuldenlast der durch den Verkauf des kommunalen Wohnungs-
bestands kurze Zeit schuldenfreien Landeshauptstadt erneut 730 Millionen Euro.« Ebd.

22 »Bespitzelungen und Durchsuchungen ohne Befehl – bei der Verfolgung von Straftaten abseits der Demonstrationen gegen einen Neo-
naziaufmarsch in Dresden kam es zu Unregelmäßigkeiten. Versehen
oder Absicht? Die sächsische Staatsanwaltschaft weist Vorwürfe einer
politisch motivierten Strafverfolgung zurück ... So wurden Hunderte
Ermittlungsverfahren eröffnet, bei denen die Polizei fast eine Million
Handydaten auskundschaftete. Daß sie dies durfte, bezweifelte der
sächsische Datenschutzbeauftragte. Daraufhin warfen ihm Politiker
und Juristen vor, er habe seine Kompetenzen überschritten. Dabei war
der Datenschutzbericht auf Antrag des Landtags erfolgt. Unterdessen
hatten auch fragwürdige Durchsuchungen stattgefunden, sowohl
in Dresden als auch im benachbarten Thüringen, ohne daß dort die
Behörden ins Vertrauen gezogen wurden.« Christiane Kohl, *Wie die
sächsische Justiz Demonstranten jagt, Süddeutsche Zeitung*, 6.10.2011.

23 »Presseclub Dresden: Erich Kästner Preis 2010 für Kurt Biedenkopf. Auch nach seinem Ausscheiden aus der aktiven Politik mischt
er sich in gesellschaftspolitische Themen ein und vertritt aktiv seine
Meinung, auch wenn sie nicht immer bei seinen Parteifreunden ankommt. Dabei geht er kritisch mit der steigenden Staatsverschuldung,
den Ansprüchen an die Sozialsysteme und der Fehlentwicklung im
Arbeitsmarkt um. Die Freiheit und Eigenverantwortung jedes Bürgers
stehen im Vordergrund seiner Überlegungen, im Gegensatz zur Bevor-
mundung durch den Staat und die vielfältigen Interessenvertreter.«
www.presseclub-dresden.de

24 Der sich über den Kästner-Preis für K. Biedenkopf (»König Kurt«)
mit Sicherheit gefreut hätte; vgl. hierzu sein Gedicht *Lob der Volksver-
treter:* »Man hält sie, wenn sie schweigen, für Gelehrte. / Nur ist das
Schweigen gar nicht ihre Art. / Sie haben vor der Brust Apostelbärte
/ und auf den Eisenbahnen freie Fahrt. // Ihr seht sie eilends in den
Reichstag schreiten. / Das Wohl des Volkes fördert ihren Gang. / Und
würdet Ihr sie noch ein Stück begleiten, / dann merket Ihr: sie gehn
ins Restaurant. // Sie fürchten Spott, sonst nichts auf dieser Welt! / Und
wenn sie etwas tun, dann sind es Fehler. / Es ist, zum Glück, nicht alles

altes Dresden sei vom Zweiten Weltkrieg unwiederbringlich »fortgehext« worden, und »keiner von euch, und wenn sein Vater noch so reich wäre, kann mit der Eisenbahn hinfahren, um nachzusehen, ob ich recht habe«,[25] so darf man, in aller Bescheidenheit, sagen: Dresden ist keine Fußnote. Dresden ist wieder da. Und mit dem ICE problemlos[26] zu erreichen.

Hund, was bellt. / Sie fürchten nur die Wahl und nicht die Wähler. // Ihr Leben währet zirka siebzig Jahre, / und wenn es hochkommt –. Doch das tut es nie! / Das Volk steht auf vor jedem grauen Haare. / Das Volk steht immer auf! Das wissen sie.« *Lärm im Spiegel*, Berlin o. J., S. 15.

25   *Als ich ein kleiner Junge war*, Zürich 2011 [1957], S. 46.

26   Kleiner Spaß.

Siebte Station:
Coburg

*Ekmnesie: Störung des Zeiterlebens in seiner Einordnung
(sog. Zeitgitter), wobei z. B. die Vergangenheit als Gegenwart
erlebt wird.*

Es war einer dieser Tage, da weißt du am Morgen nicht,
was der Abend bringen wird, und es ist dir auch egal,
weil, das muß man im Urlaub nicht wissen. Dafür ist es
ja Urlaub, right?

Ich komme also am »Morgen« in die Küche, und die,
die da sitzen, wissen auch noch nicht mehr als ich, obwohl
sie so früh aufgestanden sind. Das ist der Grund – sagen
wir: einer der Gründe –, warum ich das mit dem Frühauf-
stehen nicht so habe, weil, es bringt ja nichts, überblicks-
mäßig. Sie sitzen da rum, und drei Stunden später sitz'
ich auch da rum, das ist der ganze Unterschied. Deswegen
gibt's auch gar keinen Grund, daß die jetzt alle so überlegen schauen, ich bin hier der Gastgeber und kann aufstehen, wann ich will.

Na ja, nicht ganz. Ich bin der Mann der Gastgeberin,
die Hütte gehört den Eltern meiner Frau, und es sind
echt super Schwiegereltern, nicht nur wegen dieses Häus-
chens am Rande der bewohnten Welt, aber eben auch.
Außer mir und meiner Frau, die noch im Bad ist, sitzen

alle am Frühstückstisch, der schon ziemlich abgefressen ist, und ich muß denken, daß ich das gleich gesagt habe, daß ich nicht weiß, warum man mit hundert Leuten in den Urlaub fahren soll, wo man es doch auch zu zweit schön hat. »Sind ja gar keine hundert«, sagt die schönste Ehefrau von allen, die aus beruflichen Gründen gut in Logik ist, »und ist doch schön, wenn mal ein bißchen Leben in der Bude ist. Außerdem, was heißt hier Urlaub, zwei Tage an Pfingsten, wo ist denn das Urlaub, sag mal!«

Von mir aus, es sind ja schließlich auch meine Leute, kenn' ich alle aus dem Büro, als ich noch im Büro gearbeitet hab', und also warum nicht.

»Guten Morgen!« sagt der dicke Gonz, der gar nicht so dick ist, aber das hat er jetzt davon, daß er mittags schon so süffisant ist. »Hallo-hoh!« ruft auch der junge Dr. Mangold mit dem für ihn typischen ironischen Timbre; da lob ich mir den feinen Herrn Giselher, der nimmt mich gar nicht erst zur Kenntnis, oder nur am Rande, er ist halt schon ein bißchen älter und muß haushalten, was die kognitive Power angeht. Außerdem liest er eine Zeitung, die er sich aus dem Altpapierstapel neben dem Bullerofen gefingert hat, und hofft wahrscheinlich, daß wer sein letztes Buch rezensiert hat. Seine Frau, die Uschi, grüßt freundlich, weil sie nämlich weiß, daß ich mit einem Fingerschnipp die ganze Bande zum Teufel jagen kann (Unsinn), und wo der Hammer-Heinz mit seiner Kerstin hin ist, wird sich auch noch herausstellen.

»Die sind ins Dorf, sich umsehen«, sagt der dicke Gonz, weil ich wahrscheinlich gefragt habe, wo die anderen sind, und ehe ich fragen kann, wo genau sie sich da umsehen – wir sind den zweiten Tag da, und man braucht

keinen halben, um zu sehen, was es zu sehen gibt, nämlich nichts, das ist ja das Schöne –, legt der feine Herr
Giselher die Zeitung weg, hustet ab (dabei raucht er seit
Jahren nicht mehr, das sind alles Restbestände) und blickt
dann aus dem offenen Fernster, vor dem es nach Traktor
riecht, und er sagt: Warum man denn heute keinen Aus-
flug mache. Es sei doch prima Ausflugswetter! Und in der
Umgebung gebe es doch bestimmt etwas, was eine Besichtigung lohne. Hinter seiner Stirn leuchtet erkennbar das
Wort »Biergarten«, denn wir sind im Fränkischen, bestes
Biergartenterrain.

Ja, es gibt etwas, was der Besichtigung lohnt, das weiß
ich, weil ich selbst schon darüber nachgedacht habe, in
vorauseilender Planungsweitsicht nämlich, denn natürlich bist du als Gastgeber (oder von mir aus als Mann der
Gastgeberin) für deine Gäste verantwortlich, mußt ihnen
was bieten, jedenfalls was vorbereitet haben, denn egal,
wie informell das Ambiente auch ist: für etwaige Langeweile ist ausschließlich der Hausherr verantwortlich.
Oder die Hausherrin. Oder ihr Mann, egal.

Ich weiß also, daß Coburg nicht weit von hier ist, keine dreiviertel Autostunde entfernt, und daß es da eine
Veste gibt, was alles nach einem einwandfrei verbrachten
Pfingstnachmittag klingt. Ich schlage also Coburg vor,
der dicke Gonz will lieber nach Suhl, weil er aus der DDR
ist, und Suhl würde mich auch interessieren, weil es so
wunderbar ostzonal klingt, aber nach Suhl will sonst
keiner, weil die Ansicht vorherrscht, die Biergärten in
Suhl seien sicherlich schlechter als die in Coburg, und
das stimmt bestimmt, von einer Suhler Biergartentradi-
tion hab' ich jedenfalls noch nichts gehört. Auch klingt
»Veste« für Herrn Giselhers halbwüchsige Töchter, die ja

auch auf ihre Kosten kommen sollen, interessanter als Suhl, das hört sich fast wie »Schule« an und muß also nicht sein. Auch der Hammer-Heinz und seine Kerstin sind jetzt wieder da und ebenfalls für Coburg, sie sind ja eh sehr für alles Bayerische. Für alles Thüringische ist außer dem jungen Dr. Mangold, der sich als Kulturmensch von Meiningen und dem dortigen Theater was verspricht, naturgemäß niemand, also ist die Entscheidung gefallen. Meiner Frau und mir wird noch ein Notfrühstück zugestanden, und dann verteilen wir uns auf die Autos und rauschen rauf auf die B279 Richtung Maroldsweisach und dann rüber auf die B303. Es ist ein schöner, heller Frühsommertag. Nicht zu heiß, gerade richtig.

Später werde ich denken, daß ich das in dem Moment gleich gewußt habe, daß da noch was nachkommt, als wir mitten in der Stadt stehen und uns fremd und völlig fehl am Platz vorkommen. Damals habe ich aber noch gedacht, daß das bloß damit zu tun hat, daß wir mein Navi nicht rechtzeitig nach Parkplätzen gefragt haben und sich in Coburg von uns auch keiner auskennt; heute weiß ich, es war eine Vorahnung, aber hinterher ist man ja *immer* schlauer. Außer nach »Günther Jauch«.

Das Navi kennt dann aber doch einen Parkplatz, sogar in Nähe der Veste, und wir stellen die Autos ab und marschieren bergauf, weil die Veste eine Burg ist und Burgen meist auf Bergen stehen. Es ist noch ein bißchen wärmer geworden, wir spazieren durch einen Park, Herrn Giselhers Töchter wollen von ihrem Vater wissen, wie die Bäume heißen, aber Herr Giselher hat noch ein sozialdemokratisches Kuschelabitur und kennt bloß Eiche und Ahorn, was natürlich beides falsch ist. Der junge Dr. Mangold weiß es zwar auch nicht, hat aber ein Smartphone, doch die Gören sind schon weiter. Der dicke Gonz hat sich mit dem Hammer-Heinz zurückfallen lassen, wahrscheinlich reden sie über Proxy-Server und *liquid democracy,* die Frauen laufen vorneweg und tauschen Kosmetikrezepte aus. Ich genieße meine unverhoffte Einsamkeit, schere leicht nach rechts und unternehme eine viertel Körperdrehung, um dem Blick ein frisches Schweifgebiet zu erschließen. Da sehe ich die ersten.

Ich kann nicht sagen, ich sei zu Tode erschrocken gewesen, denn ich wußte, daß es sie gibt, aber das weiß man von Rindviechern ja auch und darf dann trotzdem erschrocken sein, wenn man welche im Coburger Hofgarten trifft.

Es war ein älteres Pärchen, das auf einem Nebenweg die Veste erklomm. Das Männchen war größer und einwandfrei kenntlich durch das charakteristische Käppi; es mußte, kramte ich in meiner zoologischen Bildung, sich hierbei um einen »Alten Herrn« handeln, denn das Kopfhaar, das unter dem Käppi hervorlugte, war weiß. Das Weibchen trug Schwarz, wohl um die Farbigkeit seines Partners, der neben seinem Kopfschmuck das nicht minder charakteristische dreifarbige Schärplein über dem Anzug trug, zu unterstreichen. Schweigend stampften die zwei fürbaß, ihres Beobachters nicht achtend.

»Igitt«, sagte der feine Herr Giselher und materialisierte sich neben mir. »Daß die aber auch nicht aussterben. *Kann die nicht mal wer abknallen?«* Und dann machte er ein für ihn und seine verschleimten Bronchien typisches, aus Räuspern und feuchtem Katarrh zusammenrollendes Geräusch, das nach Abscheu klang, eventuell aber auch nur bedeutete, daß Herr Giselher schon wieder beim Alltagsgeschäft angelangt war und seine Jagdphantasien längst vergessen hatte, er ist ja nicht mehr der Jüngste, da verkürzt sich die Aufmerksamkeits- und Konzentrationsspanne mit einer gewissen Notwendigkeit.

Für diese Annahme sprach, daß Herr Giselher, der jetzt neben mir wanderte, die nächsten Rindviecher, die unsere Blicke kreuzten, nicht mehr kommentierte, sondern lieber von seinem jüngsten, grotesk hohen Verlagsvorschuß und dem Ferienhaus auf Gomera, welches er davon zu kaufen gedenke, sprach, was um so verwunderlicher war, als der Rinder immer mehr wurden, je näher wir der Veste kamen. Große und kleine, alte und junge, dicke und dünne, Pärchen, aber auch einzelne Männchen sowie Männchen in kleinen Gruppen, trotz des warmen Wetters alle in Schwarz oder sonstwie gedeckten Farben, mit Käppi und dreifarbiger schmaler Schärpe, von der ich wußte, daß sie »Band« heißt.

Es dauerte bis zu dem Moment, als Herr Giselher bei der Frage feststeckte, ob ein drittes Schlafzimmer für Ferienhäuser unabdingbar sei oder doch bloß ungebetene Gäste anziehe, daß ich den Akkord aus Coburg, Pfingsten und Rindvieh zum Klingen kriegte: In Coburg fand alljährlich das Pfingsttreffen des sog. »Coburger Convents« statt, des Dachverbandes national beseelter Studentenochsen, auch Burschen genannt. Und heute war Pfingsten.

Wären wir bloß nach Suhl gefahren, dachte ich, während uns eine Herde schwarzbunter Kappenträger vom Berghof, nein: der Veste herab entgegenstiefelte, und mein mitunter doch ganz brauchbares Gedächtnis stellte Informationen parat, die ich vor kurzem dem Apo-Zirkular *Konkret* entnommen hatte: »Das für den Verband bedeutendste Ereignis ist der jährliche Pfingstkongreß. Dazu treffen sich mehrere tausend Mitglieder in der namensgebenden Heimstatt des CC, im nordbayerischen Coburg. Dort werden verbandsinterne Geschäfte erledigt, Posten vergeben und Netzwerke gepflegt. Ansonsten geben sich die Verbandsbrüder der gnadenlosen Traditionspflege hin ... Vor allem der jährliche Fackelmarsch verdient als besonders schauerliches Ritual Aufmerksamkeit. Hier marschieren zu nächtlicher Stunde bis zu 5000 Korporierte, viele davon in vollem Wichs, also in Paradeuniform und mit Säbeln bewaffnet, auf einer Route, die in den dreißiger Jahren auch die SA mit Fackeln abgeschritten ist. An der Strecke stehen große Teile der Coburger Bevölkerung und jubeln dem Zug zu.«

Ich vergewisserte mich per Blick auf meine Präzisionsarmbanduhr, daß es so schnell nicht dunkel werden würde; und fragte mich gleichzeitig, warum sich an Pfingsten, dem Fest der Ausgießung des Geistes, ausgerechnet immer die zusammenrotteten, die von Geist am allerwenigsten berührt sind: Christen. Sportgolffahrer. Vertriebene. Burschen. Es war dies wohl die berühmte Ironie, von der immer soviel in der Zeitung steht.

Derart eingesponnen in meine Überlegungen, merkte ich gar nicht, daß wir uns schon auf den letzten Metern Anstieg befanden und bereits die finale Kehre genommen hatten, wo die erste Souvenirbude den Beginn des offiziell touristischen Teils markierte. Der Rest unserer Abordnung schien sich an den vielen Ochsen und sichtlich blöden Kühen, die mit uns auf die Veste strömten, nicht zu stören, allenfalls der dicke Gonz sah drein, als habe er schon wieder Hunger und träume von einem Burgbiergarten samt Tafelspitz. Immerhin markierte das auffällige Schweigen des tierfreundlichen Ehepaars Hammer-Heinz/ Kerstin, daß es sich bei den Coburger Ruminanten nicht um reguläre Paarhufer handeln konnte, wie sie bspw. im oberbayerischen Tierpark Poing herumstehen und das Herz des Städters heben; beide gingen schweigend, des Viehzeugs nicht achtend, und ihr Blick sprach *Bier* und wenig sonst. Meine Frau und Herrn Giselhers Uschi waren am Eisstand zugange, und ich rechnete, nicht zum erstenmal, meinen Bauch- und Hüftspeck in 1,5-Liter-Flaschen Volvic um, die ich bei solchen Unternehmungen also im Halbdutzend mit mir herumtrug, ohne daraus trinken zu können. Ein Grund mehr, jetzt mal nach den Einkehrmöglichkeiten zu sehen, allora.

Wie jeder vernünftige Mensch weiß, ist die Einkehr das logische Ziel eines jeden Ausflugs, und nachdem wir intensive, unvergeßliche Minuten lang den Blick von den Burgzinnen in Richtung Rhön, Frankenwald und Fichtelgebirge hatten wandern lassen, schnürten wir zum Burgbiergarten, der auf einer Kreidetafel froh mit Bier und Würstchen warb und dem Burglokal angeschlossen und vorgelagert war. Ein großer Achtertisch nahm unsere Mannschaft mit links, flugs hagelte es frische Halbe, Weizenbiere und Apfelschorlen, und als Herrn Giselhers Brut dann endlich die verlangten Pommes mit Wackelpeter hatte, herrschte sozusagen der allerschönste Burgfriede; und waren selbst die unschönen Begegnungen auf dem Herweg so gut wie vergessen. Es ist überhaupt erstaunlich, wie gut sich Menschen ans

Unglück gewöhnen, und laut neusten Untersuchungen bezeichnen sich sogar vom Hals an abwärts gelähmte, völlig immobile Menschen nach einer Zeit der Eingewöhnung überwiegend als glücklich und zufrieden. Da konnte ich mich mit ein paar hundert Pfingstochsen doch weiß Gott abfinden, und den »Gedenkstein für ›unvergessene Heimat‹, auf dem an Pommern, Weichsel-Warthe, Danzig, Westpreußen, Ostpreußen, Niederschlesien, das Sudetenland, Oberschlesien, Siebenbürgen und Banat als deutsche Gebiete erinnert wird« und der, nach Auskunft des ortskundigen *Konkret*-Autors Kristian M. Rye, »direkt neben dem Ehrenmal des CC im Hofgarten der Stadt Coburg« steht, mußten wir uns ja nicht ansehen, warum auch.

Ich weiß nicht, ob es am Alkohol lag, der vielen Sonne oder der gerechten Vorfreude aufs neue Ferienhaus, daß der feine Herr Giselher plötzlich anfing, einen vollbesetzten Rindertisch, der fünf Meter hinter uns an der Burgmauer stand, mit Kronkorken zu bewerfen. Nun muß man dazusagen, daß jene Rinder, die, statt im Tierpark Poing Gras zu rupfen, sich lieber Mützen aufsetzen, das Vaterland lieben und Bier nur trinken, um es hinterher wieder auskotzen zu können, sehr häufig so aussehen, als bäten sie geradezu darum, daß man mit Gegenständen nach ihnen wirft. Das ist der Nachteil, wenn man statt eines Gesichts nur eine vaterländisch-bourgeoise Fresse zur Verfügung hat, entstellt von Dünkel, Radfahrbereitschaft und jener deutschen Kameraderie, die der Publizist und Geschichtsforscher Sebastian Haffner mal als »Gift« bezeichnet hat.

Es war dies alles sehr erstaunlich, denn erstens war Herr Giselher nicht betrunken, er mußte ja die Sippe noch nach Hause fahren, und zweitens waren die Biere in Gläsern gekommen, so daß nicht plausibel war, woher er die Kronkorken hatte. Trotzdem knallte eben wieder einer an die Burgmauer, nur eine Unterarmlänge vom träge wesenden Burschentisch entfernt.

Zu sagen, wir seien starr vor Schreck gewesen, geht als Situationsbeschreibung fehl; aber erschrocken waren wir doch. Oder jedenfalls ich, der ich weder Talent noch Neigung zu öffentlichen Auseinandersetzungen besitze und mir selbst die Krachmacher und Dauertelefonierer in den Ruheabteilen der Bahn immer gefallen lasse. (Neulich hat wer, dem Geruch nach zu urteilen, im Großraumwagen ein Faß Tsatsiki aufgemacht. Es wird noch soweit kommen, daß die Leute im Zug grillen.) Ich sehe meine Aufgabe eher in der intellektuellen Hintergrundarbeit denn in der konkreten revolutionären Aktion, und die Bahnsteigkarten für die deutschen Insurgenten muß ja schließlich auch irgendwer aushändigen, nicht wahr.

»Giselher! *Noch ganz dicht?*«

Herr Giselher lacht und fragt: »Warum?«, hört aber erst einmal auf zu werfen. Vielleicht hat er auch bloß keine Kronkorken mehr.

Dann schweigen einen Moment alle, ich bin mir nicht sicher, wie viele an unserem Tisch Herrn Giselhers Verhalten billigen. Ich meine, ich billige es ja, aber ich würde es noch viel mehr billigen, wenn er damit warten würde, bis ich weg bin. Herrn Giselhers Frau sagt überhaupt nichts, sondern ist ganz damit beschäftigt, Pommes frites in den Mund der Jüngsten hineinzubalancieren, sie ist, nach allem, was man weiß, von ihrem Mann aber noch ganz andere Schoten gewohnt.

Der dicke Gonz wirft mir einen Blick zu, der so verständnisinnig ist, daß ich auf der Stelle beschließe, den dicken Gonz nicht mehr dicker zu machen, als er in Tat und Wahrheit ist. Schließlich hat jeder von uns seinen Sechserpack Volvic zu tragen! Der Gute, der in den letzten zwei Sekunden bestimmt zwanzig Kilo abgenommen hat, kennt sich ein bißchen mit Computern aus, und er könnte ja mal den Rechner der Burschenesel hacken und auf der Homepage die bevorzugte Aufnahme von afrikanischen Crack-Asylanten verkünden; oder, schlimmer, ein Alkoholverbot. Der Hammer-Heinz und seine Kerstin sagen nichts und grinsen bloß, wahrscheinlich erwarten sie die in unseren Kreisen allemal ästimierten amüsanten Ausschreitungen, was ich angesichts der patriotischen Herrschaften, die sich zwar noch nicht zu der Erkenntnis haben durchringen können, daß die heranfliegenden Kronkorken tatsächlich ihnen gelten, die aber so aussehen, als wüßten sie, wie man mit Vaterlandsfeinden, Wehrkraftzersetzern und anderen Kronkorkenwerfern umspringt, nicht wenig verwegen finde. Die schönste Ehefrau von allen schaut gespannt bis einverständig, sie hat es ja gleich gesagt, mit den verhaltensauffälligen Randfiguren aus meinem alten Büro steigt die Stimmung quasi automatisch.

»Ach komm«, lenkt Herr Giselher überraschend ein. Vielleicht will er sich, was man verstehen kann, im Beisein seiner Töchter nicht zusammenhauen lassen, die Kosten für die Psychotherapie fräßen das Häuschen auf Gomera ja gleich wieder auf, und mindestens die jüngere Tochter ist für antifaschistische Heldentaten auch noch gar nicht empfänglich. Ich muß an Malte und den Zeltplatz auf Rügen denken. Was wohl passiert wäre, wenn er die Nazis mit Kronkorken beworfen hätte? Aber um Nazis handelt es sich in unserem Falle ja nicht; auf praktisch jeder Verbindungs-Webseite steht der Satz, daß Verbindungen nur für Leute da sind, die zwischen Patriotismus und Nationalismus gut zu unterscheiden wissen, und während in der »Deutschen Burschenschaft«, wie ich später herausfinde, als dem ältesten und größten Dachverband patriotisch für die Reinheit des deutschen Blutes gefochten und über die Einführung eines »Arierparagraphen« debattiert wird (»Besonders in Zeiten fortschreitender Überfremdung ist es nicht hinnehmbar, daß Menschen, welche nicht vom deutschen Stamm sind, in die Deutsche Burschenschaft aufgenommen werden ... Beispielsweise weist eine nichteuropäische Gesichts- und Körpermorphologie auf die Zugehörigkeit zu einer außereuropäischen populationsgenetischen Gruppierung und damit auf eine nichtdeutsche Abstammung hin«), hat sich der vergleichsweise liberale Coburger Convent per Pressemitteilung vom 20.6.2011 von den Nazi-Burschen distanziert: »Mitglieder unterschiedlicher kultureller Wurzeln bereichern den Coburger Convent seit Jahrzehnten und stellen für uns eine Selbstverständlichkeit dar.«

Rindviecher sind es selbstverständlich trotzdem, wie alle, die zu Kollektiven, zu vaterländischen zumal, nicht die Distanz wahren, die intelligenten Menschen eine Selbstverständlichkeit ist.

»Sind doch auch Arschlöcher«, verteidigt sich Herr Giselher behende, aber mit dem Gran Unsicherheit im Ton, das verrät, daß er nicht weiß, ob er sich vielleicht doch mal schämen soll.

»Arschloch sagt man nicht!« weist ihn seine Älteste

jauchzend zurecht, zufrieden, das Autoritätsverhältnis einmal umkehren zu können, was ja gerade in der frühen Pubertät ein populärer, für die seelische Balance und mentale Entwicklung auch durchaus nötiger Spaß ist.

»Da hat die Lena recht«, nickt Uschi, aber ich sehe es ihr an, daß sie das bloß aus pädagogischen Gründen sagt. Die Kleine, Mimi, versteht zwar noch nicht ganz, worum es geht, aber daß der Papa grad eins aufs Dach bekommt, hat sie mitbekommen. Und strahlt.

Jetzt tut mir der feine Herr Giselher fast leid. Er hat ja recht! Ich sitze so, daß ich die Bande unauffällig in den Blick nehmen kann: drei vollumfänglich feiste Kerle und drei sehr blonde Frauen, die aussehen, als gingen sie lieber shoppen als einkaufen; alle aus dem Studentenalter raus und in Vaters Firma drin, mit den besten Kontakten zur Unterwelt, korrigiere: lokalen Politik und überhaupt sehr gut vernetzt, die Vitamin-B-Hypervitaminose läuft ihnen geradezu aus den Ohren. Könnte man Selbstzufriedenheit löffeln, diese müßte man zurückgehen lassen: zu fett. So sehen Leute aus, die von Anfang an da waren, wo sie jetzt sind, und die, sofern sie überhaupt über so etwas Hinderliches wie einen Reflexionsapparat verfügen, das auch sehr in der Ordnung finden. Freiheit, Ehre, Vaterland – George Grosz hat schon gewußt, wie häßlich das macht, und es ist ein lustiger Gedanke, sich vorzustellen, der Dichter Botho Strauß, der aus ästhetischen Gründen auch sehr fürs Nationale ist, müßte an diesem Tisch einen Abend verbringen, mit Leuten, die Kultur nicht erkennen würden, wenn sie ihnen ins Gesicht urinierte.

Das einzige, was man Herrn Giselher ankreiden könnte, wäre also, daß er nur Kronkorken geworfen hat und nicht einen Möbelwagen; trotzdem sind die Anwesenden, Bürgerkinder allesamt, erleichtert, daß Herr Giselher keine Anstalten macht, sein so loses wie gerechtes Tun fortzusetzen, sondern unvermittelt wieder von Terrakottafliesen, Freizeitmöbeln und korrupten Maklern fabuliert. »Pack schlägt sich, Pack verträgt sich«, flötet der junge Dr. Mangold anzüglich, und der Hammer-Heinz grinst nach wie vor, er hat halt immer gute Laune. Die Biere sind trotzdem alle, und wir müssen noch fahren. Wo ist eigentlich die Antifa, wenn man sie mal braucht?

Auf der Toilette, die ich vor der Abreise sicherheitshalber aufsuche, dann das, was wahrscheinlich die gerechte Strafe dafür ist, den selbstbewußt nationalen Knallchargen nicht wenigstens einen strengen Blick zugeworfen zu haben: Gleich drei dieser Zombies toben durchs WC, die Augen leer, die Blasen voll, beseelt von Suff und Kumpanei, und kaum hab' ich wieder eingepackt, will ich, daß morgen der Russe kommt, überraschend, aber gewaltig, denn dann würde man sehen, wer sich vom Alten Herrn im Wehrkreiskommando u. k. schreiben läßt und wer sich freiwillig meldet, ich bestimmt nicht, aber ich lauf' auch nicht mit Fackeln durch die Stadt, singe »Deutschland Deutschland über alles« und gefalle mir in vollem Wichs als voller, na, Blödmann.

Als ich wiederkomme, ist die kleine Mimi schon aufgestanden, und während wir zahlen und zusammenpakken, hat sie sich vom Tisch gestohlen und dem anderen genähert und studiert die Nationalversammlung, die nur um Haaresbreite ihrer gewaltsamen Auflösung entgangen ist: Noch nie im Leben hat sie solche Rindviecher gesehen. Rinder, die mit Gras gar nichts anfangen können. Nicht einmal mit deutschem.

Fräulein Mimi trabt zum Papa zurück: »Gehn wir jetzt? *Hier ist es doof.*«

Hätte der Papa also gar nicht so antifaschistisch zu werfen brauchen. Hat die Mama schon getan.

Zwischenstation: München

Hey Baby, Baby, Baby, stehst du auf Rock 'n' Roll?
Beim Josch do spuit a hoasse Gang.
Hey Baby, Baby, Baby, des is da pure Wahnsinn,
ja de singan mit am bayrischen Slang.
Dudub ziag ei, mir san a Rock-'n'-Roll-Band
und spuin jetzt auf in Minga,
dudub ziag ei, mir san a Rock-'n'-Roll-Band
und fanga o zum Singa!

Soweit die *Spider Murphy Gang*.

Nach Wochen des Wahnsinns und der zähen Verfolgung phobischer, manischer oder sonstwie psychopathischer Symptomatiken ist nämlich jetzt Sonntag, und den habe ich, einer Eingebung nach dem üblich späten Frühstück folgend, soeben zum freien mir erklärt. Denn Einkehr, das haben wir gehört, ist das Ziel einer jeden Reise, und wo denn einkehren, wenn nicht hier? In diesem ideellen Gesamtbiergarten mit Bergblick und Gratis-Föhn? Wo praktisch alles prima ist? Oder jedenfalls so gut wie fast?

Schön, es gibt auch in München Fressen, genauer: Es gibt sie gerade da. München und Hamburg sind die Fressen-Hauptstädte Deutschlands. Einen Kölner erkennt man vielleicht am Jean-Pütz- oder neuerdings Horst-Lichter-Bart, den Berliner (der ja sowieso aus Kirchheim unter Teck oder Marburg ist) an seinen Klamotten vom Designer-Flohmarkt, aber den Hamburger wie den Münchner erkennt man an seiner *Fresse*. (Für die Tatsache, daß die Damen hier nicht vorkommen, seien sie durch die Feststellung entschädigt, das Phänomen der regionalen Fressen sei, abseits regionaltypischer Physiognomien, die auch Frauen eignen, ein eher männliches.)

Es gibt tatsächlich so etwas wie eine Münchner Fresse, und ich würde mir jederzeit zutrauen, einen Hamburger von einem Münchner zu unterscheiden, solange er über ein gewisses Einkommen verfügt; wer eine Fresse hat, der hat auch Geld, alle anderen haben ein Gesicht, das sich viel schwerer regional zuordnen läßt als die Fresse. Die Fresse, die in München aus dem Cabrio steigt, ist jedenfalls eine andere als die, die an der Alster in die Mahagoni-Jolle springt: Jener eignet etwas Stumpfes, Wäldlerisches, Skilehrerhaftes, das den Prosecco (sprich: »Prosetscho«) schätzt, weil sonst der Wurstsalat nicht rutscht. Die Tolle flieht vorm Gel bergan, wie ja auch der Hahn seinen Kamm schwellen läßt, damit die Hennen, deren es in München viele gibt, herschaun, und die Vorliebe für Brotzeit, Gaudi und Modeschmuck läßt sich durch noch so teure Pferdelederschuhe nicht um ihr Bierzeltaroma erleichtern. Das Münchner Geld wirkt neu, selbst wenn es alt ist. In Hamburg ist es umgekehrt.

Der Hamburger Fresse ist, unterm vornehm flach frisierten Schopf, der Dünkel um einige Daumen tiefer eingegraben, sein Schimmer ist der Abglanz von jahrhundertealter patrizischer Herrschaft, und während der Münchner Fresse noch die Erleichterung anzusehen ist darüber, daß es sie in Grünwald auf die Welt geworfen hat und nicht in Giesing (eine Erleichterung, die lärmend als Lebenslust verkleidet werden muß), hat die Hamburger Fresse keinen Zweifel an der Zwei-Welten-Lehre und hält es mit Barmbek wie mit dem Dienstbotentrakt der elterlichen Villa: Da leben auch Menschen, aber mindere. Die Hamburger Fresse ist Rassistin, die Münchner Fresse, die den Mr. Hyde der Kleinbürgerlichkeit in sich schlummern weiß, ist über einen durch altes Katholentum gedämpften Sozialdarwinismus nie hinausgelangt. Man kann sagen, der Unterschied zwischen Münchner und Hamburger Fresse ist wie der zwischen SA und SS. Da kann sich jetzt jeder aussuchen, was ihm lieber ist.

Auch deshalb, weil das Münchner *juste milieu* so vergleichsweise jovial ist, wirkt der kleinbürgerliche Münchner Oberbürgermeister Ude (SPD) in seiner reichen Stadt nicht ganz so deplaziert wie sein kleinbürgerlicher Parteifreund Scholz in Hamburg. Scholz sieht aus wie der Angestellte, der er ist, Ude ist der Betriebsratsvorsitzende mit dem guten Draht nach oben, der auf der Firmenfeier die Witze erzählt, über die Scholz sich nicht zu lachen traut.

Christian Ude, ehemals Mieteranwalt, regiert die bayerische Landeshauptstadt seit bald zwanzig Jahren, denn seine zahlreichen Nebentätigkeiten lassen keine Zeit fürs schnelle Durchregieren, und als Apparatschik kriegst du in München sowieso kein Bein auf den Boden. Also ist der Münchner Oberbürgermeister in erster Linie Autor humoristischer Bücher (»Meine verfrühten Memoiren«), Kabarettist, Kolumnist der *Abendzeitung,* Mitglied des TSV 1860 München (in dessen Aufsichtsrat er 13 Jahre gesessen ist),

Mitglied des »Vereins gegen betrügerisches Einschenken« (auf dem Oktoberfest nämlich), Gastprofessor in Tianjin/ China, »Beratender Professor« in Schanghai und, endlich, Synchronsprecher: »In der Disney-Produktion ›Himmel und Huhn‹ lieh er dem Bürgermeister von Oakey Oaks seine Stimme« (Wikipedia). Das könnte man jetzt alles für albern halten, wenn das Münchner Rezept, die Dämonen unsrer kosmischen Zufallsexistenz durch Gschaftlhubern, Adabei und Maßbier zu sänftigen, darin nicht so plausibel zum Ausdruck käme. Weil a bisserl was halt allerweil geht. Und wenn der Ude Christian im September auf der Wiesn das erste Faß ansticht, dann weiß man, daß in München das Brot nicht an die Spiele verraten wird, weil die Spiele ohne das Brot gar nicht zu denken sind.

Das heißt natürlich nicht, daß das, was der Marxist einen Klassenkonflikt nennt, in München nicht vorkäme, im Gegenteil. Udes Faßanstich live zu erleben muß man sich leisten können, und wer zum Bierverzehr ein Zelt benötigt, der kaufe sich besser ein eigenes, das kommt billiger; wie überhaupt das Oktoberfest unter Hartz-IV-Bedingungen viel weniger zum Kotzen ist als ohne, denn dafür braucht's (eigene Recherche) mindestens drei Maß, einen Knödel mit Ei und vier Fahrgeschäfte, also rund 60 Euro, die der Hartzler nicht hat, weil er Zigaretten für seine Kinder kaufen muß. Trotzdem hat die Hingabe, mit der sich eine ganze Stadt einem Volksfest in die Arme wirft, einen gewissen egalitären, demokratischen Charme, denn vor den Zelten sind dann wieder alle gleich, jedenfalls nach den ersten zwei Maß und wenn man zu denen gehört, die den Zehner für den »Liter« Bier noch berappen können.

Es gibt, versteht sich, auch an der Isar kaum richtiges Leben im falschen, und eine Boulevardzeitung ist eine Boulevardzeitung ist eine Boulevardzeitung; daß München einen Teil seines Boulevards den Tanten *Abendzeitung* und *tz* überläßt, ist aber mindestens genauso trostreich wie die Tatsache, daß die sich gegen die ungewaschene Verwandtschaft aus dem preußisch-protestantischen Norden noch behaupten. »Video: Nackte Frau sorgt in der U-Bahn für Wirbel«, lautet am 30. Oktober 2011 eine Schlagzeile der Internetausgabe der *tz,* und das ist so ziemlich der Gipfel an Sensation, den die *tz* ihrer Kundschaft zumutet. Die Geschichte, die dahintersteckt, ist geradezu noch unbrisanter: »New York. Was würde wohl passieren, wenn eine nackte Frau in eine vollbesetzte U-Bahn steigt? Die Frage wird nun in einem Internet-Video beantwortet.« Nicht allein, daß die Kombi aus »Internetvideo« und »nackte Frau« ungefähr so aufregend dräut wie »Merkel« und »Regierungserklärung« oder »Fifa« und »Korruption« – der Vorfall wird auch noch mit aller Sorgfalt und dabei vollkommen zutreffend kommentiert: »Doch eines ist höchst interessant an dem Video: zu beobachten, wie die Passanten reagieren. Natürlich werden reihenweise Mobiltelefone gezückt, bis die Frau von Gaffern geradezu umringt ist. Als ob die Leute noch nie nackte Brüste gesehen hätten.«

Ein Satz, wie er in sechs Jahrzehnten *Bild* von Springers Sexaufklärern nicht einmal gedacht worden sein dürfte.

Romantik, da hat Peter Hacks recht, ist freilich Lüge, und natürlich kann das weltberühmte Millionendorf mit derlei Provinzgemütlichkeit nicht die zeittypischen Infamien überdecken. »Kinderarmut im München der Millionäre« muß selbst der *BR*-Staatsfunk einräumen, und wer in München Miete zahlt, dem mag es gehen wie dem arglosen Rom-Touristen, der nach dem Petersdom Lust auf einen Eisbecher hat und, als die Rechnung kommt, zu seiner Frau sagt: Ich wollte ein Eis, nicht die Eisdiele.

Wer also in München eine Wohnung zu einem Preis mieten kann, für den es in Leipzig einen Straßenzug gibt, der braucht sich dann wenigstens über die Nachbarn nicht zu beschweren. Haidhausen, früher ein Kleine-Leute-Quartier, ist heute die Hochburg der Bio-Mütter und Frühförderväter, aber selbst sozialistische Eltern könnten wenig dagegen unternehmen, daß ihre Kinder zwischen Prinzregenten- und Rosenheimer Straße noch eher dem Clown Pennywise oder, schlimmer, Helmut Markwort begegnen als Altersgenossen aus dem Arbeitermilieu. Auch in München hört die Jovialität auf, wo die Konkurrenz beginnt, und die beginnt in der Schule, wo in Bayern traditionell weniger Pardon gegeben wird als anderswo. Die reichlich eineinhalb Stunden Hausaufgaben am Tag, die in der ersten Klasse (staatlicher) Grundschule, die meine Patentochter besucht, für angemessen gelten, relativieren sich aber, wenn man in Rechnung stellt, daß man auch in München nicht für die Lehrer, sondern fürs Leben lernt; für ein Leben, das immer teurer bezahlt sein will. Und Geld verdient sich nicht im Schlaf. Es sei denn, man ist Hausbesitzer.

Nein, romantisieren darf man das alles nicht, und die Münchner Mischung aus Leberkäs und Peitsche, aus *liberalitas bavariae* und Polts »Sanierer« (»I sag Eahna ganz ehrlich, der Mieter is wie ein Hausschwamm. Der, wenn amal drinsitzt, kriegstn nimmer raus«) darf man ruhig mit Argwohn betrachten; so wie die *Süddeutsche Zeitung* ja auch immer sagenhaft sozial tut und dabei nicht nur einen Hang zu schmissigen Übertreibungen und Setzkastendeutsch (»Die Zahlen sind dramatisch«) pflegt, sondern ihren Klassenstandpunkt halt trotzdem kennt.

»Den Preis für die wiedergewonnene Wettbewerbsfähigkeit haben vor allem die Arbeitnehmer gezahlt. Seit nunmehr einem Jahrzehnt sind die Löhne in der Bundesrepublik nicht mehr gewachsen, und das hat den Boom ausgelöst«, analysierte im Sommer 2011 ein Guido Bohsem das neue deutsche Jobwunder, notierte die »Zunahme der sogenannten atypischen Beschäftigungsverhältnisse« und meinte die Verkäuferin, deren Vollzeitstelle sich neuerdings auf vier Minijobs verteilt, und den Leiharbeiter, der keine Sekunde weniger arbeitet als sein regulär beschäftigter Kollege, aber deutlich weniger verdient. Der besorgte Redakteur der linksliberalen Zeitung, der ja schließlich auch will, daß alle es gut haben, muß das jetzt unter einen Hut bringen: die Freude über den »Boom« mit dem Kampf für die lohnabhängige Mehrheit. Nun denn: »Mit einiger Berechtigung kann man sagen: Es ist besser für den einzelnen und für die Volkswirtschaft insgesamt, wenn diese Menschen einer schlecht bezahlten Arbeit nachgehen, anstatt in Arbeitslosigkeit zu verharren.«

Wer will, mag die Unverschämtheiten zählen, die der gute Bohsem allein in diesen Satz gepackt hat, der übersetzt nichts anderes bedeutet, als daß »diese Menschen«, die um fünf aufstehen, um für 400 Euro im Monat hochbezahlten Zeitungsredakteuren die Semmeln in die Tüte zu tun, gefälligst froh sein sollen, daß sie überhaupt Arbeit haben, andernfalls sie ja doch bloß ihrer Faulheit die Zügel schießen lassen und in der Arbeitslosigkeit »verharren« – schlimmer noch als die Willfährigkeit, mit der hier Sozialkritik simuliert wird, ist der mitleidige, salbungsvolle Ton, der im letzten nur Verachtung ausdrückt. »Was kann nun die Politik tun, um auch die Menschen am unteren Ende der Einkommensskala am Wirtschaftsboom teilhaben zu lassen?« Die Frage ist in der *SZ* freilich Pflicht, wie Teilhabe sowieso das neue Zauberwort ist, so wie früher auf dem Bolzplatz, wenn man auf Geheiß irgendeines Weisungsberechtigten auch die Doofen mitspielen lassen mußte. Also ließ man sie mitspielen, aber eher pro forma, den Ball behielt man lieber selbst. Eine Haltung, die in der konkurrierenden FAZ, trotz neuerdings milderer Töne, noch immer als Gipfel der Vernunft gefeiert wird; was aber immer noch besser ist als die eklige Aktion-Sorgenkind-Attitüde der Münchner Schwester.

Da ist mir Frankfurt, meine alte Heimat, näher; aber ein Reiseziel wird ja meist erst dann zu einem solchen, wenn es sich von dem, was man kennt und schätzt, unterscheidet. (Das ist nur meine Meinung. Ich weiß, daß sie in Deutschland als kontrovers gelten muß.) Und da sind der Unterschiede doch einige, der angenehmen zumal.

Zunächst einmal verhält sich der FC Bayern München zu Eintracht Frankfurt wie Münchner zu Frankfurter Bier, und da hilft es wenig, sich auf die Meinung zu versteifen, das Frankfurter Bier sei zwar minderwertig, aber »ehrlich«, und verdanke nämlich seine Minderwertigkeit dem stolzen Arbeiterschweiß derer, die es zusammenpanschen und die zwar nichts vom Brauen, dafür aber vom Schwitzen verstehen. Die Münchner, ja, die kaufen sich die besten Brauer, aber unsere, die Frankfurter Brauer, das sind zwar Nullen, aber es sind Nullen wie du und ich!

Nach dieser Logik des Authentischen und Autochthonen, deren zart völkische Tendenz auffallen darf, ist der FC Bayern der beste und zugleich bestgehaßte Fußballverein des Landes, der einzige mit stabilem internationalem Format wie auch der einzige, der kein Tor in letzter Sekunde erzielen darf, ohne daß ihm das von jedem Sportreporteresel als skandalöser »Bayern-Dusel« hingerieben wird. Verständlich zwar, daß in einem Land, das ernsthaft glaubt, es mangele ihm an Eliten und es bedürfe also der Elitenförderung (was der Aufforderung an den Teufel gleicht, doch bitte zur Abwechslung mal auf den größten Haufen zu machen), das mehr oder minder gesunde Volksempfinden im Stadion ausspricht, was es von den ewig bevorzugten Großkopferten und Seriengewinnern hält; es ist aber dasselbe Volksempfinden, dem man auch einreden kann, schaffendes Kapital sei besser als raffendes. Es ist gar nicht so ironisch, daß der Lokalrivale 1860 München, der sich stolz als Club der kleinen Leute versteht, mit dem Kleine-Leute-Kanzler A. Hitler viel besser fuhr als der nachmalige Rekordmeister, der nicht nur, was die wenigsten wissen, eine jüdische Gründung ist, sondern an seinen jüdischen Spielern und Funktionären auch viel länger festhielt als damals üblich und ratsam. »Der FC Bayern war«, informiert Wikipedia, »im Gegensatz zum Stadtrivalen 1860 München bei den neuen Machthabern wegen [des jüdischen Präsidenten] Landauer und [des jüdischen Trainers] Dombi als ›Judenclub‹ verpönt. Erst Anfang 1943 konnte mit Josef Sauter ein NSDAP-Mitglied als Präsident im Verein eingesetzt werden, die Unterstützung einzelner Spieler für Landauer bei einem Gastspiel in der Schweiz hatte weitere Repressalien zur Folge.« Da, wo bis heute der ehrliche, handgegrätschte Arbeiterfußball zu Hause ist, war man nicht so störrisch: Wie der Malocherclub Schalke 04 auch, gehörte 1860, so eine TSV-Chronik, »zu den wenigen großen Fußballvereinen, die schon vor 1933 eine deutliche Affinität zum erstarkenden Nationalsozialismus zeigten« und als »nationalsozialistische Vorzeigevereine« fast alle hohen Ämter im Verein Parteigenossen überließen.

Mei, tempi passati, und das Bekenntnis zu den »Löwen« ist heute genausowenig Ausweis rechter Gesinnung wie eine Dachauer Postleitzahl. Aber es ist doch gut zu wissen, wer die Ressentiments, die man heut so selbstgewiß vor sich herträgt, mal geteilt hat; und daß man sich beim Urteil »Arschlochverein« am Ende gar nicht so weit aus dem Fenster zu lehnen braucht.

Ja, das Ressentiment. Das nährt sich, geht es um München, in der Hauptsache von den schönen Leuten, den Viertel-, Halb- und Ganzprominenten, die es an der Isar viel häufiger gibt als am Main. In Frankfurt saß ich mal in einem Restaurant neben der schrecklichen Tatjana Gsell und ihrem Ex-Stecher Ferfried (»Foffi«) von Hohenzollern, im Schwabinger Café Ringelnatz aber neben dem später früh verstorbenen Schauspieler Jörg Hube, der seinen Text lernte; und auf Herrenchiemsee bin ich mal dem sympathischen Charakterdarsteller Elmar Wepper begegnet. Soviel dazu. Bzw. 2:0 für München!

Man muß freilich nicht Wert auf die Bekanntschaft aller berühmten Leute legen, die in und um München so herumgeistern. Wer an der Uni aus dem Englischen Garten kommt, sieht rechter Hand die rosa Villa einer Dame, die, früh aufgefallen durch die Einschätzung, sie verfüge über einen Intelligenzquotienten von 140, auf der Berufsbezeichnung »Schauspielerin« besteht, was nicht wenige für die Herabwürdigung eines ganzen Berufsstandes halten. Dabei ist die Frage, ob Madame ihre wundersame Karriere nur der Tatsache zu verdanken habe, daß sie mal was mit dem Regisseur H. Dietl hatte, tatsächlich zweitrangig; wenn Robert de Niro für seine Rollen mit der Produzentin schlafen muß, bin ich der letzte, den es stört. Solange er nicht anfängt, das deutsche Trash-Fernsehen mit tiefschürfenden, wo nicht schon unterirdischen Schmonzetten à la *Die Frau vom Checkpoint Charlie* zu beliefern. »In einer penetranten Hätschel-Tätschel-Idylle spielt Veronica Ferres eine Frau, die stark ist, alles schafft und nichts verschrecken kann«, umriß die *Süddeutsche* angesichts einer anderen mimisch-dramaturgischen Minderleistung die Ferressche Kernkompetenz, wobei derlei Anwürfen immer das Erstaunen innewohnt darüber, wie tief die Trauben manchmal hängen. »Es ringt mir durchaus Respekt ab, daß es jemand mit durchschnittlicher Begabung so weit bringen kann«, verriet der ja auch bloß durchschnittlich begabte Regisseur S. Wortmann dem *SZ-Magazin*, das der unermüdlichen »Selbstvermarktung« und Ego-Inszenierung der populären Westentaschen-Diva einen durchaus ratlosen Artikel widmete und, halb fasziniert, halb angewidert, das Talent des Neumünchner Kindes zur äußersten Schamfreiheit in Selbstwerbungsangelegenheiten beschrieb: »Da wischt Ferres auf einer Gala ihrem Mann schon mal vor Fotografen den Mund ab. Köstlich. Und als sie zusammen der *Bunten* ein Interview gaben, sprach sie zu ihm: ›Ganz am Anfang unserer

Beziehung hast du mal gesagt, ich wäre wie ein Schmetterling, den man fliegen lassen muß, und dann hat er bunte, wunderschöne Flügel.‹«

Fliegen lassen müßte man hier sicherlich was anderes; denn schließlich, so der tapfere *Magazin*-Autor Max Fellmann, »ergab eine Umfrage, die meisten Frauen wären gern wie sie«. Die meisten *deutschen* Frauen, versteht sich, deren Idealbild, Frauenpower hin oder her, noch immer eins aus Trümmerfrau, Übermutti und Kleinstadtgöttin zu sein scheint. Eine Imago, die sich mit dem Traumfrauenbild ihrer Männer deckt; die aus hormonellen Gründen derart blondes Busentum halt noch ein bißchen extra ästimieren: »Die Programmzeitschrift *Auf einen Blick* hat in einer Umfrage die beliebteste Schauspielerin Deutschlands gesucht«, ließ Veronica (»die deutsche Sharon Stone«) Ferres am 20. Oktober auf ihrer – nebenbei: ganz und gar scheußlichen – Homepage ausrichten. »Veronica Ferres wurde dabei auf Platz 2 gewählt. Bei den männlichen Befragten lag Veronica Ferres ganz vorne.« Siegerin in der Gesamtwertung: Antje, die Fernsehpausenwalroßdame vom NDR, deren Tod im Jahr 2003 die Ferres ihrer schärfsten Konkurrentin enthob; und die vergangene Erfolgsmovie-Dekade (*Sterne leuchten auch am Tag, Der Sperma-Bagger vom Wörthersee*) am Ende erst ermöglicht hat.

Oder war es doch – Helmut Dietl? Der *Gitanes*-süchtige Starregisseur in Weiß und Erfinder der besten deutschen Fernsehserie aller Zeiten, *Monaco Franze, starring* Helmut Fischer (* München) als Franz Münchinger *(sic)*? Dietl, der außerdem Münchner Preziosen wie die »Münchner Geschichten« (mit den sagenhaft jungen Parade-Münchnern

Günther Maria Halmer und Michaela May) und das spektakulär münchnerische *Kir Royal* verantwortet? Der seltsamerweise immer gutes (Münchner!) Fernsehen gemacht hat (außer, ausgerechnet, mit »Der ganz normale Wahnsinn«, das war fehlbesetzt, unausgegoren und grauslich), aber immer schlechtes, manieriertes Kino? Dem wir solche pastosen, unlustigen, aber freilich allseits ästimierten Fehlleistungen wie *Schtonk, Rossini* und *Late Night* anrechnen müssen? Und eben evtl. auch die Promotion der Solinger Provinzkartoffel Ferres zur selbstbewußten Staatsschauspielerin und Charity-Nervensäge (»Power-Child e. V.«), die im Vollgefühl ihrer Bedeutsamkeit als der Deutschen liebste Filmdampfnudel der Bahnzeitschrift *Mobil* eine Gegendarstellung von unbegreiflicher Schönheit abtrotzte: »... haben wir die Schauspielerin mit folgendem Satz zitiert: ›Ich bin immer mit dem Kopf durch die Wand, ich habe da so meine eigene Moral, meine eigenen Werte in mir selbst gefunden.‹ Die von Veronica Ferres zur Veröffentlichung freigegebene Äußerung lautet: ›Ich bin immer mit dem Kopf durch die Wand, ich habe so meinen eigenen Leitfaden, meine eigenen Werte in mir selbst gefunden‹« – die Äußerung, die mir dazu einfällt, sollte der Verlag, aus Gründen des Persönlichkeitsrechts, allerdings nicht zur Veröffentlichung freigeben.

Immer des Gschiß mit der Vroni, wie der Monaco Franze sagen würde. Überhaupt reift in mir der Verdacht, daß es sich dieser Serie verdankt, daß ich mich, meiner Frankfurter Heimatgefühle unbeschadet, hier fürs legendäre Millionärsdorf verwende, obwohl es den minderklugen *Focus,* die rappeldumme *Bunte* und eine durchaus dazu passende *Society* in seinen Mauern duldet.

Aber was ist das alles gegen die Geschichte vom Kleine-Leute-Kind und »ewigen Stenz« Franz Münchinger, der vor der feinen Gesellschaft, in die er eingeheiratet hat, in Richtung Kiez und Frauenallotria flieht, und der Film erzählt, wie immer schwerer es dem alternden Flaneur, Treibauf und Herzensbrecher fällt, das alles beieinanderzuhalten; und wie es ihm langsam entgleitet als einem, dem die Zeit davonläuft. Und nicht nur seine persönliche.

Nichts wäre falscher, da folgen wir Peter O. Chotjewitz gern, als den rheinischen Kapitalismus für den guten alten zu halten. Aber das Vaterland, wie ich es mir als lieb ruhiges, charmantes, schönes gar imaginiere, sieht, fürchte ich, dem leuchtenden Film-München der späten sozialliberalen Jahre ziemlich ähnlich. Und der gute Deutsche wäre nicht Richard von Weizsäcker oder Helmut Schmidt; sondern Helmut Fischer. Er ruhe in Frieden. (Und der Kopfeck Manni, der auch.)

Neunte Station:
Freiburg i. Br.

Katatonie: psychische Erkrankung, bei der Störungen der Willkürmotorik im Vordergrund stehen; die Symptomatik umfaßt zwei entgegengesetzte, manchmal in schnellem Wechsel auftretende Formen: 1. katatoner Sperrungszustand mit Hemmung der Motorik, Stupor, Negativität, Rigidität; 2. katatoner Erregungszustand mit psychomotorischer Erregung.

Wie ging diese doofe Liedzeile noch gleich? »Fahrrad-fahrer dieser Stadt, ihr seid Idioten« oder so.

Egal. Freiburg hatte mir sowieso noch gefehlt. Aber der Zug hielt, da konnte ich machen, was ich wollte.

Ich kam aus München, wo mich erst der Hammer-Heinz mit seiner Kerstin, dann der Vater meiner Paten-kinder und schließlich mein Schwager zum scharfen Trinken animiert hatten; dann hatte ich noch einen Schlenker in die Schweiz unternommen, wo es, freund-schafts- und besuchsbedingt, wiederum und zweifach hoch hergegangen war und der Franken fast einen Euro kostete. Was soll ich sagen: Ich war pleite, müde und wollte nach Hause. Aber Freiburg, das mußte noch sein, aus Recherchegründen: Freiburg, die Hauptstadt der Bio-Spießer und Fahrradhelm-Krüppel, wo die Grünen,

»diese Farce auf die Tragik der Arbeiterbewegung« (Hermann L. Gremliza), die neue Weltordnung probten, wo Uniformierte die korrekte Befüllung der Biotonnen überwachten und Kinder sich weigerten, Spinat aus konventionellem Anbau zu essen. Freiburg, das war meine Arbeitshypothese, war das neue Deutschland, das dem alten so glich. »Links wird dieses Land nimmermehr; bloß die Art, auf die es rechts ist, wechselt«, hatte ich neulich noch so treffend formuliert und sogar meinen Kollegenkumpel Fred überreden können, sich die zwei Stunden ins Auto zu setzen und aus dem Schwäbischen anzureisen, ein bißchen Ortskenntnis und allgemeine Unterstützung mitzubringen. Denn Freiburg, wie gesagt, fehlte mir heute gerade noch.

Der Tag war blau und warm, und ich nahm mir vor, nicht darauf hereinzufallen; stand lieber, da zu früh, sachte schaukelnd und von einem Bein aufs andere tretend vor der Bahnhofshalle, die sich alle Mühe gab, keine vorzustellen, sondern irgendwie gläsern, *transparent* zu sein; ich hätte es hassen können, tat es aber nicht. Zu früh. Zu müde. Egal.

Ich ging wieder hinein, warum auch immer, überlegte, warum ich nicht, der alte Fehler, im Zug noch mal aufs Klo gegangen war; stand jetzt da und Kleingeld fehlte, außerdem der Wille, irgendwelchen Unsinn zu kaufen, nur um pinkeln zu können; im unsinnigen Freiburg irgendwelchen Unsinn zu kaufen. Fred kam endlich, winkte, hatte Kleingeld.

Ich kam mir fast schuldig vor, mich so zerfleddert anzubieten, und flüchtete aufs Klo. Als ich wiederkam, sah die Welt immer noch nicht anders aus. Ich überlegte, wie es wäre, jetzt einfach den nächsten Zug zu nehmen und nach Hause zu fahren. Doch ich mußte da jetzt durch. Durch Freiburg.

Fred wußte auch nicht mehr genau, wie die Zeile ging, auch das war egal, erst mal. Wir mußten nach Vauban. Ich mußte. Dahin, wo die Ökos wohnen, die Aufrechten, die Gottbefohlenen, die Streiter für die Zukunft ihrer Kinder, und *nur* ihrer Kinder. Hatte im Zug noch Dath gelesen, der sich auskennt in Freiburg: »Aber es sticht allzusehr ins Auge, daß dieser grüne Bürgermeister ein widerlicher Mensch ist, der für alles steht, was ich je gehaßt habe.« Ich kannte den Freiburger Bürgermeister nicht, ich kannte nur den von Tübingen, der war schon widerlich genug. So war der von Freiburg auch, kein Zweifel. »Der hat genau das gemacht, was man vielleicht nicht als grüner Oberbürgermeister, aber als Oberbürgermeister in dieser Phase der allgemeinen Schweinerei zu machen hat. Er hat gesagt: Wir verkloppen jetzt die Sozialwohnungen, das öffentliche Gut wird verscheuert – und mit dem eingenommenen Geld kaufen wir Pflaster, die wir überall draufkleben«, Bio-Klopapier für die Kindergärten z. B., oder daß die Blumen auf dem Bürgermeisterschreibtisch auch Fairtrade sind. Hat dann aber nicht geklappt, mit dem Verkloppen, die Freiburger waren dagegen. Geht doch.

Fred ist cool, ihm ist egal, wie ich aussehe, und er haßt die Grünen genauso wie ich. Also, hassen ist jetzt vielleicht das falsche Wort. Ich glaube, Fred ist kein guter Hasser. Er ist Nebenerwerbsschriftsteller, arbeitet Vollzeit und hat zwei Kinder im schulpflichtigen Alter, da hat man nicht mehr soviel Zeit für Hobbys wie Haß oder Weltekel. Da schmeißt man sich abends todmüde vor die Glotze und denkt vielleicht noch, daß die blöde

Slomka nicht immer so empathisch tun soll und der blöde Buhrow nicht immer so aufgeräumt und daß sie nicht immer »NS-Verbrechen« sagen sollen, wenn doch deutsche gemeint sind, und wenn Claudia Roth kommt, dann schaltet man natürlich um. Aber Haß kostet Kraft, wie ja auch nicht jeder die Zeit hat, mitten in der Woche in der Gegend herumzugondeln und sich die Hucke vollzusaufen. Bin ja vielleicht auch zu alt für diesen Unsinn, ich weiß es nicht.

Wir gehen in die Bahnhofsbuchhandlung, weil Fred nicht mehr weiß, wie man nach Vauban kommt. Er sagt, er hat es mal gewußt, weil er früher oft hier war, er nennt mir auch den Grund, ich vergesse ihn auf der Stelle. Die Buchhändlerin sieht aus, wie ich mir vorstellen würde, daß eine Freiburger Buchhändlerin aussieht: kurze Haare, dünne Lippen, eine, die früher mal bei Lichterketten mitgemacht hat, heute aber nicht mehr. Erst wollen wir einen Stadtplan kaufen, aber der kostet sechs Euro, und das kommt ja nun überhaupt nicht in Frage. Die Buchhändlerin, als wir sie nach dem Weg fragen, lächelt ganz fein, so fein, daß nur ich als professioneller Beobachter, mit meinem unbestechlichen, wenn auch heute etwas verkaterten Blick es sehe. Das Lächeln sagt: Vauban? Ihr werdet schon sehen.

Draußen wird es immer wärmer, das ist dieses Spitzenklima, auf das die Freiburger so stolz sind. Da sitzen sie dann schon im Februar in der Sonne und freuen sich, daß sie nicht in Bielefeld leben, wo man im Mai noch die Brunnen aufhacken muß, weil sie zugefroren sind. Immerhin muß ich zugeben, daß der Bahnhofsvorplatz nicht so schlimm ist, wie die meisten Bahnhofsvorplätze sind, die Freiburger haben ihn nämlich einfach weggelassen. Man tritt aus dem Bahnhof und steht in der Stadt, fertig. Es gibt dümmere Ideen.

Bevor wir losmarschieren, muß ich aber was essen, und wir sind keine zwei Minuten in Richtung Innenstadt unterwegs, als wir bei einem Italiener mit Gartenabteil landen. Wir sitzen prima unter Bäumen, der Kellner ist zwar wortkarg, bringt die Penne aber in völlig akzeptabler Frist, sie sind gut und nicht mal teuer.

»Unglaublich«, sage ich zu Fred, der gar nicht groß Hunger hat, aber mir zuliebe Minestrone löffelt. »Als ich noch in Frankfurt lebte, hab' ich jahrelang nach einem Stammitaliener gesucht, also einem, wo man zu zweit für vierzig Euro vernünftig zu Abend essen kann. Nicht der teure Sarde, sondern der kleine feine Normalitaliener an der Ecke. Nichts zu machen, irgendwas war immer falsch. Mal waren die Pasta pappig, mal war der Lachs versalzen, mal saß man auf gelben Lederpolstern und unter Lautsprechern, aus denen Eros Ramazotti in Stadionlautstärke knallte. Elf Jahre war ich in Frankfurt, ohne je einen Stammitaliener zu haben, und jetzt bin ich keine halbe Stunde in Freiburg, *und da ist er.*«

Fred sagt nichts und löffelt, was soll er auch sagen, mit der Minestrone ist er jedenfalls zufrieden und teilt meine Ansicht, daß dies unser Stammitaliener wäre, wenn wir nach Freiburg ziehen würden, was wir natürlich nicht vorhaben.

»Im Zug eben«, sage ich und drehe mir eine Zigarette, obwohl ich die letzten Tage eigentlich genug geraucht habe, »habe ich etwas sehr Bemerkenswertes beobachtet. Ich saß in einem Abteil mit einer Mutter und ihrem Kind.

Das Kind, es war vielleicht acht, saß die ganze Zeit nur da und hat aus dem Fenster gesehen. Kein Gameboy, keine Kopfhörer, kein Unterhaltungsprogramm mütterlicherseits. Die Mutter, vielleicht Mitte dreißig, hat das Ekelwort *bespaßen* noch nie benutzt. Morgens weckt sie ihren Sohn, macht ihm Frühstück und vertraut im übrigen darauf, daß in der Schule für ihn gesorgt ist und daß man kein Abo von *Focus Schule* braucht, um aus einem Kind einen anständigen Menschen zu machen. Das Kind hat eine Muttersprache und garantiert kein chinesisches Au-pair, seine Fremdsprachen lernt es in der Schule, zu gegebener Zeit, und wenn es nachmittags Hausaufgaben macht, dann sieht die Mutter nach ihm und schüttelt bei sich den Kopf, weil sie denkt, daß es besser wäre, es würde heute noch mal auf den Bolzplatz kommen, an die frische Luft. Der Junge ist manchmal auch allein und langweilt sich, aber das findet die Mutter nicht schlimm, weil sie weiß, daß Langeweile zum Leben gehört, und irgendwas finden Kinder in dem Alter ja doch immer, was ihnen die Zeit vertreibt. Wenn in der Schule Elternsprechtag ist, dann geht die Mutter hin und hört sich an, was die Lehrer zu sagen haben, und bevor sie sich mit ihnen anlegt, überlegt sie, ob es sein kann, daß sie recht haben, es ist ja nicht so, daß ihr Kind immer im Recht ist, nur weil es ihr Kind ist. Sie hat selbst nicht studiert, sie hofft, daß es ihr Kind mal auf die Universität schafft, aber es ist auch kein Beinbruch, wenn der Junge einen ordentlichen Beruf lernt. Er soll es einmal gut haben, das ist die Hauptsache. Wenn sie mit dem Kind redet, ist ihr Ton ruhig und freundlich und so, wie er wohl ist, wenn man noch nie eine Zeile darüber gelesen hat, wie man mit Kindern sprechen soll, damit aus ihnen *selbstbewußte*

Persönlichkeiten werden. Sie ist die Mutter, er ist ihr Sohn, er ist acht, wie sonst soll sie mit ihm reden als eben so. Ihr Ton ist völlig frei von Zwang, Belehrung oder vorauseilendem Verständnis. Wenn das Kind eine Kuh sieht und sagt: Schau mal, eine Kuh!, dann hält sie ihm keinen Vortrag über Kühe oder fragt, ob es weiß, was ein Euter ist oder wie der Mann von der Kuh heißt oder sonst einen krampfpädagogischen Unsinn, sondern nickt und läßt es gut sein. Ich schwöre«, ich drücke meine Zigarette aus, »daß mich selten etwas derart fasziniert, ja beglückt hat wie diese zwei. Wie die Madonna mit Kind.«

»Es gibt also noch Hoffnung«, sagt Fred und krallt sich meinen Tabak.

»Aber die gibt es ja immer und eben deshalb keine«, zitiere ich einen Kollegen, von dem ich auch schon länger nichts mehr gehört habe.

»Ich habe Bekannte«, sagt Fred und brennt sich sein Rettchen an, »die fördern früh. Der Kleine ist vier und macht schon Hausaufgaben. Zweisprachiger Unterricht. Vater an der Börse, die Mutter Juristin, Karrieretypen, beide.«

»*High Potentials*«, ergänze ich.

»Genau. Da wird sechsstellig verdient, und natürlich wollen Eltern immer, daß ihre Kinder in ihre Fußstapfen treten. Wenn ich mal da bin, weiß ich kein Stück, wie ich mich dazu verhalten soll. Mein Kopf sagt: Na ja, Kinder nehmen natürlich viel mit, wenn sie klein sind, und warum soll man Potentiale nicht nutzen. Wenn ich überlege, wie ich mich mit meinem Schulfranzösisch quäle, wann immer wir mal ins Elsaß rüberfahren, und heutzutage lernen sie's vielleicht im Kindergarten, ohne es recht zu merken. Aber dann bin ich zu Besuch, und der Junge ist vier, und die Mutter macht mit ihm Hausaufgaben, und ich merke, daß der Max, weil er halt erst vier ist, lieber aufstehen und toben und irgendwas machen will, was nichts mit stillsitzen zu tun hat. Der Mensch ist nur da ganz Mensch, wo er spielt, der kleine zumal, und Hausaufgaben sind einfach kein Konzept für Vierjährige, schlag mich, und ich sehe das und merke, wie mein Bauch zum Fan von Wolfgang Petry wird: Das ist Wahnsinn.«

»Sie wollen nur das Beste für ihr Kind«, sage ich und meine es viel weniger ironisch, als es wahrscheinlich klingt.

»Natürlich wollen sie das«, sagt Fred, »sind im übrigen auch verträgliche, aufgeklärte Leute. Auf einer funktionalen Ebene haben sie wahrscheinlich sogar recht, weil dieser Junge, wenn es in zwanzig Jahren darum geht, irgendeinen Studienplatz oder einen Job zu kriegen, meine Tochter aussticht, weil er zwar nicht weiß, was ein Bolzplatz ist, aber sonst alles. Und was noch schlimmer ist, ist, daß ich mir gar nicht sicher bin, ob es mir da um die Kinder geht – ich hab' mit vier keine Hausaufgaben gemacht, ich hab' auch mit vierzehn keine gemacht, und heute hab' ich trotzdem Neurosen *und* spreche schlecht Französisch – oder nicht doch eher um mein Hippie-Weltbild. Vielleicht bin ich auch einfach neidisch.«

Der Kellner kommt, ich bestelle Tiramisu und zwei Bier, es ist nun wirklich schon egal.

»Das weiß man doch aus dem Fernsehkrimi«, sage ich und staune, zu welchen Gesprächen ich nach einer Woche Sumpfen schon wieder fähig bin, »daß die Frage immer die nach dem Motiv ist. Wenn Leute wie wir das ablehnen, dann doch nicht wegen der vier Fremdsprachen, sondern weil wir wissen oder wenigstens argwöhnen, daß hier bereits an Lebensläufen gebastelt wird, daß es nicht darum geht, einen Weltbürger zu erziehen, der Flaubert und Konfuzius im Original liest, sondern darum, Humankapital abzurichten.«

»*Zuzurichten*«, korrigiert Fred und grinst, weil er weiß, daß ich mal eine Profilaufnahme von Adorno im Flur hängen hatte, die schöne von Barbara Klemm.

»Eben«, sage ich und grinse zurück. »Bildung als Qualifikation, Wissen als geldwerter Vorteil.«

Der Kellner bringt Tiramisu und Bier und läßt sich nichts anmerken. Ich will noch »Bologna« sagen, sage es aber nicht, damit es nicht zu Mißverständnissen kommt. Am Ende ist er von da, wer kann das wissen.

»Einverstanden«, sagt Fred. »Aber selbst der zugerichtete Businessaffe *könnte* Flaubert im Original lesen, was wir nicht können, jedenfalls nicht, wenn dabei der Fernseher läuft. Auch was man aus den falschen Gründen kann, kann man. Das humanistische Gymnasium war früher auch keine Badeanstalt, und trotzdem hat es hin und wieder Leute entlassen, die die Odyssee im Original zitieren konnten. Dein Adorno konnte das noch ganz selbstverständlich, Französisch übrigens auch.«

»Schön«, sage ich und merke, wie jetzt ich neidisch werde. »Aber mit Gerhard Polt zu fragen: Wer zahlt's? Selbst die Bürgerjournalisten beschweren sich, daß ihre Kinder schon Terminkalender hätten. Der einfache Arbeiter hat von dem ganzen Elite-Gedöns sowieso nur soviel, daß er es bezahlen darf, und auf dem humanistischen Gymnasium interessiert sich doch längst keine Sau mehr für Griechisch oder Vergil, das sind einfach die Schulen mit dem höchsten Prestige und den wenigsten Ausländern.«

»Trotzdem«, sagt Fred und gabelt im Tiramisu herum, »würdest du, wenn du mal Kinder hast, darüber nachdenken, weil du nämlich ein verhinderter Bildungsbürger bist und dich ärgerst, daß du in der *Negativen Dialektik* die griechischen Passagen nicht lesen kannst.«

Gut möglich, daß er recht hat. Also blase ich die Backen auf und sage in diesem sanft ironischen Tonfall, der anzeigt, daß ich weiß, wie verwegen es ist, wenn ein Muskopf wie ich die Klassiker zitiert: »Bildung läßt sich überhaupt nicht erwerben, Erwerb und schlechter Besitz wären eins.«

»Dann hab' ich ja alles richtig gemacht«, freut sich Fred. »Trotzdem weiß ich wirklich nicht, wie man zu Tiramisu Bier trinken kann.«

»Negative Dialektik«, sage ich und unterdrücke mit mäßigem Erfolg einen Rülpser.

Nach einer halben Stunde Fußweg, in der ich mich immer wieder darauf besinnen muß, daß ich nicht nach Freiburg gekommen bin, um gute Laune zu haben, sondern ja im Gegenteil, sind wir da. Wir biegen rechts *(sic!)* ab und sind schon mittendrin im Vorzeige-Ökoviertel, im linksalternativen Stadtteil-Utopia, im Wandlitz der Umweltstalinisten. Kein Mensch ist auf der Straße, es ist Sonntag und leider verboten, die Biotonnen auszukärchern. Da bleibt man drinnen und pult die faulen Stellen aus den Öko-Äpfeln, denke ich lahm, weil ich zu ahnen beginne, daß die Hoffnung, ich könnte auflagenwirksam von einem Sozialkundelehrer in Trekkingsandalen zusammengehauen werden, weil ich mein Kaugummi in den Altglascontainer geworfen habe, bloß meiner sensationsjournalistischen Phantasie entsprungen ist. Überhaupt sieht es hier in erster Linie langweilig aus, nach Vorstadt und Kinderparadies, aber nicht nach dem echten, sondern dem von Ikea, und als ich, mit stetig nachlassendem Recherche-Elan, Fred in den nächstbesten Biergarten ziehe, werden wir nicht von einem veganen Expunk mit »Oben bleiben!«-T-Shirt, sondern von einer Servicekraft in tadellos weißem Hemd bedient. Auf dem Mäuerchen, das den Kiesplatz von der Straße trennt, steht »Frei ist, wer für Freiheit kämpft«. Die Sonntagsgesellschaft um uns herum, die Backwerk verzehrt und Weizenbier trinkt, sieht allerdings so aus, als kämpfe sie lieber mit dem nächsten Stück Käsekuchen, egal ob das nun glutenfrei ist oder nicht.

Nee, da wird kein Schuh draus. Vauban als *locus terribilis* und Brutstätte linksökologischen Tugendterrors, schwant mir, ist eine ähnlich alarmistische Presseübertreibung wie die Generation Facebook, die an ihrem Internet-Autismus zugrunde geht. »Miranda July«, werde ich, Wochen später, in der überhaupt sehr nötigen Wochenendbeilage der *Süddeutschen Zeitung* lesen, »ist die Ikone der Generation Facebook. Sie fängt das Lebensgefühl von Menschen ein, die in einer seltsamen Zeitblase leben – und plötzlich merken, wie wenig sie in all den Jahren auf die Reihe gekriegt haben.« Ist es nicht seltsam, daß ich selbst zu »diesen 30- bis 40jährigen« gehöre, aber niemanden – ich wiederhole: niemanden – kenne, der es vor lauter Facebook und Internet nicht aus seiner Zeitblase schafft? Ein Teil meiner Bekanntschaft (wahrscheinlich der größere) ist bei Facebook, ein anderer ist es (wie ich) nicht, aber alle haben Berufe, Partner, Kinder, Hobbys, Freunde. Entweder habe ich also Glück gehabt und bin ein ziemlicher Sonderfall, oder Miranda July ist eine ebenso dumme Nuß wie Rebecca Casati, die mit derlei fresher Zeitkritik (*Wir amüsieren uns zu Tode*, Neil Postman ca. 1912) ihr Zeilenkonto füllt. Und dabei auch noch insinuiert, wer mit Mitte Dreißig noch keiner sozialversicherungspflichtigen Beschäftigung nachgehe, sondern prekär in der Gegend herumkellnere, sei selber schuld, was hängt er auch den ganzen Tag bei Facebook ab. Igitt.

Jedenfalls sitzen wir jetzt erst mal in diesem reichlich unrevolutionären Freiluftlokal, zwei Ikonen der Generation Hefeweizen, und reden über Politik, Sozialismus, Bücher, wobei ich die Ansicht vertrete, ein komischer Roman müsse immer zuerst Roman sein und dann komisch, andersrum funktioniere es nicht.

Fred, der eben einen Kurzroman verkauft hat, wendet ein, sein Kurzroman sei viel zu kurz, um richtig Roman zu sein, aber trotzdem sei er komisch, stellenweise, das hoffe er jedenfalls.

»Ja«, frage ich, »aber ist der Witz eine Funktion der Geschichte oder umgekehrt?«

»Die Geschichte ist der Witz«, sagt Fred. »Geht doch gar nicht anders.«

Dann winkt er dem Fräulein und zahlt, denn er hat seinen Kurzroman sehr vorteilhaft verkauft, und nach einer Stunde und vier Weizen (insgesamt) haben wir beide nicht nur einen schönen Glimmer, sondern auch das gute Gefühl, zu den wenigen Menschen in diesem verkommenen Land zu gehören, die so richtig schön Bescheid wissen.

Auf dem Weg zurück zur Straßenbahn ein letzter Versuch, verwendbares Lokalkolorit einzusaugen, aber es steht nicht einmal ein alter Volvo mit AKW-nee-Sticker in irgendeiner Auffahrt, selbst Fahrradfahrer bleiben Fehlanzeige. Die sind alle in den Semesterferien, vermutet Fred, und da mag er recht haben.

An der Haltestelle wirkt wenigstens ein Plakat, das ein Konzert mit »Katharina Franck (Rainbirds)« annonciert, ein bißchen freiburgerisch, denn ein Konzert mit Katharina Franck von den Rainbirds ist außerhalb Freiburgs nur schwer vorstellbar, Berlin vielleicht noch. Fred fährt schwarz, er kann sich das leisten, und wie wir so in dieser mit Ökostrom betriebenen Tram in die City fahren, gebe ich es endgültig auf, Material für eine Abrechnung mit den rot-grünen Konsumdemokraten zu sammeln, die gibt es woanders genauso, und außerdem ist Freiburg, wie es da so heiter in der Spätsommersonne steht, einfach eine viel zu hübsche Angelegenheit. Wir schlendern durchs Schwabentor, kaufen Eis, spazieren zum Münster, und fast will ich mich doch noch ärgern, weil ein riesiges Banner den Papst willkommen heißt, aber der kommt erst nächsten Monat – nicht meine Schuld, daß Freiburg heute so gar nicht kooperiert. Wir ziehen weiter, Feierabendstimmung, fragen uns, wozu die kleinen Kanäle, die Freiburg durchziehen, mal nütze waren, eine Art überirdische Kanalisation, Wasserleitung, Klimaanlage? Mit dem Handy fotografiere ich das »Haus zum geilen Fisch«, und daß Fred nun wieder weiß, daß geil an dieser Stelle eher fett bedeutet, bestätigt meine Annahme, daß so überlegene Intellektuelle, wie wir es sind, bei allem kritischen Furor auch mal lockerlassen und gönnen können müssen. Nämlich uns diesen dann doch noch schönen Tag.

Aber hier leben, nein danke, murmele ich, um wenigstens formal noch ein bißchen zu opponieren, und tröste mich mit dem Gedanken, daß es bestimmt wieder ganz furchtbar wird, wenn der Sommer vorbei ist und die Studis wieder da sind und am Montagmorgen die radbehelmten Jack-Wolfskin-Opfer ihre benutzten Pfirsichkerne zum Wertstoffhof fahren, weil noch die längste Reise mit einem kleinen Schritt beginnt. Dann kann ich sie wieder hassen, die Fahrradfahrer dieser Stadt, denn ich weiß ja, daß ich's tue.

Gehn wir zum Auto? fragt Fred.

Aber auf dem Radweg, sage ich.

Zehnte Station:
Stuttgart

Der Querulantenwahn (Paranoia querulans) ist eine Sonderform des Wahns. Es handelt sich dabei um eine ernsthafte psychopathologische Symptomatik. Betroffene verlieren wahntypisch ihre Einsichtsfähigkeit. Personen, die unter Querulantenwahn leiden, sind der Überzeugung, daß sich alle öffentlichen Instanzen und andere Beteiligte – beispielsweise die eigenen Anwälte, Richter, aber auch Verwandte und Bekannte – gegen sie verschworen haben, und suchen deshalb Abhilfe im ständigen Anrufen weiterer Gerichte, Behörden und Institutionen. Niederlagen, beispielsweise vor Gericht, können auf Grund des Wahns nicht objektiven Umständen zugeordnet werden; der Kranke lebt in der Gewißheit, im Recht zu sein und dieses auch gegen alle Widerstände durchsetzen zu müssen. Er verkennt die Diskrepanz zwischen formellem Recht und individueller Gerechtigkeit.

Die schönste Ehefrau von allen und ich kehrten aus dem Urlaub zurück, Flughafen Frankfurt, Fernbahnhof. Das Heimweh fängt ja meistens schon zu bröckeln an, wenn man vor dem Rückflug zum erstenmal nach drei Wochen wieder auf Landsleute trifft; und fällt spätestens dann in sich zusammen, wenn man früh um sechs nach vierzehn Stunden Reise ein Bahnticket lösen muß.

Von sechs Fahrkartenautomaten war einer »außer Betrieb«, der zweite war damit beschäftigt, sein System hochzufahren, der dritte weigerte sich, die Kreditkarte einzulesen, der vierte las die Karte zwar, wußte mit der Lektüre aber nichts anzufangen. Der fünfte funktionierte schließlich, was ein Glück war, denn vor dem sechsten stand das ältere japanische Ehepaar, das die Bahn für genau solche Zwecke angestellt hat.

Dann war der Zug zwar pünktlich, aber die Reservierungsanzeige war ausgefallen, und ich, der ich weder reserviert hatte noch zu den Gipsköpfen gehöre, die es für originell und zivilgesellschaftlich wertvoll halten, ihr kritisches Mütchen so grimmig wie obstinat an der Deutschen Bahn zu kühlen (»Typisch Bahn mal wieder!«) – genausogut könnte man sich Woche für Woche darüber beschweren, wie formelhaft die Dialoge im *Tatort* immer sind[27] –, kam an diesem frühen Sonntag trotzdem nicht umhin zu denken: Wenn ich ein Auto hätte, das ständig liegenbleibt, weder über ordentliche Winterreifen noch über eine gescheite Klimaanlage verfügt und mich zum Gespött von ADAC und Nachbarschaft macht, wäre das erste, was ich täte, nicht unbedingt die Errichtung einer unterirdischen Doppelgarage.

Aber schon auch cool, dieses Stuttgart 21.

Wer jetzt im besten Erwachsenenalter und nicht gerade im Wendland aufgewachsen ist, wer als Junge *Captain Future* sah und mit dem Siku-Laster *Auf Achse* nachfuhr,

27 Siehe *Süddeutsche Zeitung*, jeden Samstag, Medienseite.

wer den Terminator liebt und die rollenspielenden Mittelalter-Fans, die sich wochenends ins Wams werfen und Frondienst spielen, für Trottel hält, denen man mal einen Zahn ohne Betäubung ziehen sollte, der wird dazu neigen, das Empire State Building für eine viel schönere Aussichtsplattform zu halten als die Zugspitze; und wird, bei aller Kenntnis von Verblendungszusammenhängen, Fordismen und ähnlichem Unheil, sein Interesse an und Wohlwollen gegenüber der technischen Moderne nicht ablegen. Und keinen Grund sehen, den Technik-&-Motor-Teil der FAZ bloß stiekum zu lesen.

Aber man ist nun mal älter geworden, und bei aller Begeisterung für die Eleganz souveräner, *cleaner* und Zeitungslektüre ermöglichender Schnellstmobilität liegt die Frage nah, ob die Verkürzung irgendwelcher Fahrzeiten um eine Viertelstunde Milliardeninvestitionen rechtfertigt in einem Land, das Peter Zwegat zum Star und die Suppenküche zur Wachstumsbranche gemacht hat. Es fragt sich dies nicht nur der Brettermarxist, sondern auch der preisbewußte Bahnfahrer, der, weil er es als Tagedieb und Freiberufler nie allzu eilig hat, sich nach Möglichkeit die günstigeren Intercitys aussucht, die überdies (so es nicht umlackierte Interregios sind) auch viel gemütlicher sind als die meist noch mit Blackberry-Eseln vollgestopften Expreßzüge und die aber, wohl weil zu billig, peu à peu eingemottet werden.

Und so stößt einem gemäßigt Technophilen wie mir der ganze Schnellbahnquatsch schon wieder als fortschrittsfeindlich auf, sofern Fortschritt nicht bloß als nominell-technischer verstanden wird, der sich an 18 gesparten Minuten von Stuttgart nach Ulm hochzieht (»wobei man um jede 20 Minuten froh sein müßte, in denen man noch nicht nach Ulm kommt«, G. Stadelmaier, *FAZ*), sondern als gesellschaftlicher, der das Bahnfahren auch für Leute ohne Festgeld möglich machte: Von einmal München–Hamburg in 5:49 Stunden und zurück (unermäßigt) muß ein Hartzler drei Wochen leben. Daß alles immer schneller gehen müsse, ist sowieso bloß älteste kapitalistische Leier, und wer, ohne Blick für die Proportionen, Minuten mit Milliarden bezahlt, ist kein Visionär, sondern verrückt. Man muß kein Technikfeind sein, um sich für den Schienenverkehr des 21. Jahrhunderts nicht Topspeed-Futurismus auf Biegen und Brechen, sondern eine Bahn als zuverlässiges Verkehrsmittel für alle zu wünschen, das den sprunghaft wachsenden Güterverkehr nach Kräften auf die Schiene holt und sich nicht an Prestige und Börsentauglichkeit, sondern am, *horribile dictu,* gesellschaftlichen Gesamtnutzen orientiert. Also lieber kleine, aber gute und bezahlbare Brötchen backen und nicht die Stadt der Zukunft vom Bahnhof aus bauen, lieber das chronisch überlastete Streckennetz samt Flotte pflegen, lieber vier Stunden in einem pünktlichen Intercity sitzen als drei Stunden in einem knüppelvollen, überhitzten und verspäteten ICE stehen, weil das Geld für vernünftige Züge und neue Weichen in einem angesichts all der Dauermängel des deutschen Bahnbetriebs zutiefst unvernünftigen Bahnhofsprojekt versenkt worden ist. »Im Namen eines technischen Fortschritts, von dem nur eines gewiß ist: daß er Unsummen kostet« (Stadelmaier a.a.O.). Und, versteht sich, die üblichen Verdächtigen reich macht.

Das heißt nun aber nicht, daß man deswegen gleich zum Wutbürger werden müßte.

Ich kaufe mir ein Auto, ich unterschreibe den Kaufvertrag, da kommt der Nachbar und schreit, er wolle keine neuen Autos in der Straße, und ich schreie zurück, erstens sei diese Straße von Politikern, die der sog. Souverän als seine Repräsentanten bestimmt hat, als Autostraße vorgesehen, zweitens sei der Vertrag (ich *wedele* damit, wollte ich schon immer mal) längst unterschrieben, und drittens sei es mit dem Standort Deutschland ja wohl vorbei, wenn niemand mehr ein Auto kaufe. Dann kommt der älteste Mann der Stadt vorbei und schlägt vor, ich solle doch mal ein Gutachten vorlegen, ob mein neues Auto wirklich so viel besser ist als mein altes, und natürlich ist es das, sonst hätte ich den Gedanken, das alte durch ein neues zu ersetzen, ja gar nicht erst gehabt, und was immer das Gutachten nun sagt und wie sehr der Nachbar auch zetert, eine Unterschrift ist eine Unterschrift, *pacta sunt servanda,* und die Schonbezüge hab' ich auch schon bestellt. Wozu leben wir in einem Rechtsstaat.

Zur Klärung: Ich brauche kein neues Auto, ich brauche auch diesen Stuttgarter Bahnhof nicht, von mir aus kann der alte stehenbleiben bis an der Zeiten Ende, und nicht jeder hat ja wie ich die Möglichkeit, seine Meinung mittels mehr oder minder obskurer Heftchen unters Volk zu rühren, da mag ein Megaphon das Mittel der Wahl sein. Bloß sollten Erwachsene wissen, wann ein Spiel verloren ist, und unter dem Grat gerechter Empörung gähnt der Abgrund folgenloser Selbstfeier.

Renitenz ist kein Wert an sich und der Wutbürger, übers Gekrähe hinaus, ein Widerspruch. Denn die Herrschaften, die da so leidenschaftlich die Herausgabe eines Käses verlangten, der längst komplett gegessen war, sind ja keine Citoyens, sondern Bürger im gemütlichen deutschen Wortsinn, die vorher nie auf die Idee gekommen wären, sich einer Demo anzuschließen, warum auch, sie sind ja keine Studenten, Arbeiter oder sonstwelcher Pöbel. »Nein, sie haben nie demonstriert, nicht gegen Kriege und Berufsverbote, nicht gegen die Plutoniumwirtschaft, nicht gegen prügelnde Bullen, nicht gegen Faschisten, nicht gegen die jüngsten Rassenlehrer«, charakterisiert der gelernte Schwabe Hermann L. Gremliza seine neuerdings und punktuell so enragierten Landsleute. »Sie haben den Nazi Filbinger als ›Landesvater‹ verehrt, den Meyer-Vorfelder, der Baden-Württembergs Schüler ›Deutschland, Deutschland über alles‹ auswendig lernen ließ, als Kultusminister gern gesehen, sie haben beider Erben, den Oettinger und den Mappus, zu Ministerpräsidenten gewählt. Sie lieben ihren Hauptbahnhof, das Werk des Architekten Bonatz, der die 1927 im Geist des Bauhauses entworfene Siedlung am Killesberg ›Vorstadt Jerusalems‹ genannt hat. Spräche sie einer darauf an, würden sie antworten mit der Gelassenheit jenes Herrn in der Staatsoper, den sein olfaktorisch belästigter Nachbar fragt, ob er end Hos gschisse häb: ›Ja. Worom?‹«

Den Kampf um Stuttgart 21 für die »Theaterrevolution eines saturierten Bürgertums« (Martin Sonneborn) zu halten ist dabei das eine; der vulgärdialektische Backlash einer Presse, die den auflagenwirksamen Wutbürger im Sinne der Nachhaltigkeit jetzt als Fortschrittsbremse wiederverwertet, das andere. »Im Bahnhof werden Gäste empfangen, hier zeigen sich Wohlstand, Vernetzung und Internationalität«, zeigte der *Spiegel*-Autor Dirk Kurbjuweit (der als Erfinder des Etiketts »Wutbürger« gilt), was er versteht, wenn er Bahnhof versteht. »Berlin, Leipzig und

Dresden haben in den vergangenen Jahren viel in ihre Bahnhöfe investiert, und das hat diesen Städten gutgetan. Der Hauptbahnhof, ein moderner Glaspalast, ist ein stolzes Wahrzeichen Berlins geworden, so wie es andernorts Schlösser oder Museen sind.« Der Vergleich paßt, denn auch in Museen muß man lange nach den Fahrkartenautomaten suchen. »Wie empfängt Stuttgart einen Reisenden? Mit Miefigkeit, mit einem kleinen Willkommen, nicht mit einem großen. Hier ist Provinz, du mußt nicht unbedingt bleiben – das sagt dieser Bahnhof«, jedenfalls allen, die es hören wollen und als stolze Metropolisten auf einem besonders großen Willkommensbahnhof bestehen, wenn sie sich schon mal dazu herablassen, die Provinz zu beehren. »Sein Nachfolger würde das ändern, er ist so kühn und elegant, daß er das Image dieser Stadt aufpolieren kann. Stuttgart würde im globalen Wettbewerb der Metropolen weit besser aussehen.« Zirka so gut wie ein hochdekorierter *Spiegel*-Journalist, der scheint's keine anderen Sorgen hat als den globalen Wettbewerb der Metropolen, der, wir erinnern uns, der Freien und Hanse- und schließlich auch *Spiegel*-Stadt Hamburg eine Scheußlichkeit wie die Hafencity beschert hat. Aber erfolgreiche Konzepte soll man exportieren, und nicht nur der Architekturbeauftragte der *Süddeutschen* freut sich da aufs neue Stadtquartier, das Bahnhof und Gleisfeld ersetzen wird: »Nicht eine liebenswerte neue Großstadt im Herzen Stuttgarts wird dabei entstehen, wie von den Befürwortern des Bahnprojekts vollmundig behauptet wird, sondern ein mit Zweit- und Luxuswohnungen garniertes monströses neues Büro- und Geschäftshausghetto«, wie nämlich überall, wo Stadtplanung und Investoreninteressen eine glückliche, wenn auch asymmetrische Ehe führen.

Aber für derlei Romantik hat der Wutbürger keinen Sinn und muß sich deshalb selbst vom klugen Göttinger Politikprofessor Franz Walter des Spießertums zeihen lassen: »Die umtriebigen Wortführer gegen Flughafenausbau, Windräder und Oberleitungen – ins Auge fällt der durchweg reaktive, bestandsverteidigende Wesenszug der bürgerlichen Auflehnung – sind in bemerkenswert großem Umfang (von über 90 Prozent) Grundstückseigentümer und Hausbesitzer. Sehr prosaisch formuliert: Die Immobilienwerte stehen auf dem Spiel, wenn Stromleitungen und Windräder in einem bis dahin beschaulichen Kurort den Blick auf eine Caspar-David-Friedrich-Landschaft verstellen, wenn Flugzeuge die Ruhe der Anwohner empfindlich zu stören drohen.« Nun scheint die Angst vor Fluglärm aber eher verständlich als spießig, und der Speditionskaufmann, der in einem halb abbezahlten Eigenheim unter einer neuen Einflugschneise sitzt und Angst um seine Altersvorsorge hat, ist vielleicht auch nicht das, was hier als selbstsüchtiger Immobilienmagnat vorstellig wird. Und wer wie der Journalist Gerhard Matzig im *SZ-Magazin* dem Wutbürger vorwirft, »unseren Kindern den Weg in das ökologische Zeitalter und eine neue Moderne« zu verbauen, der hat an solchen Versimpelungen nicht nur ein Eigeninteresse (G. Matzig, *Einfach nur dagegen: Wie wir unseren Kindern die Zukunft verbauen*, Goldmann Verlag), sondern müßte auch, s.o., seinen Fortschrittsbegriff dringend mal updaten lassen.

Was uns in die zweifelhafte, vor dem Hintergrund unserer Arbeitshypothese aber wiederum befriedigende Situation bringt, im Stuttgarter Bahnhofskrach sowohl die Für- als auch die Widersprecher für Hirnis halten zu müssen, deren Schlagabtäusche dem Muster folgen, das Wilhelm Genazino in seiner »Abschaffel«-Trilogie notiert hat: »Es war unerträglich. Ein Idiot redete über die Idiotien eines anderen Idioten.« Es war ja eh alles Quatsch, der Bahnhof wird gebaut, eine Mehrheit der baden-württembergischen Stimmbürger ist sowieso immer dafür gewesen, und ohne die Zuschüsse der von ihr bestallten Regierungen läge der Stuttgarter Tunnelbahnhof längst bei den Akten: als schlechterdings zu teuer.

Vielleicht noch ein Vorschlag zur Güte: Ich lasse die Bahn jetzt ihren übergeschnappten Bahnhof graben, und dafür erstattet sie mir endlich die 52,50 Euro, die der Fahrkartenautomat in meiner hessischen Heimatprovinz neulich gefressen hat, ohne im Gegenzug einen Fahrschein rauszurücken.

Trotzdem, und das muß auch mal gesagt werden, war ich nach sechs Stunden wieder sicher zu Hause. Statt nach den fahrplanmäßigen vier.

Elfte Station:
Offenbach. Frankfurt. Kelkheim

Irresein, induziertes: (engl.) induced insanity; (frz.) folie à deux; Bezeichnung für die Übertragung und kritiklose Übernahme von Symptomen (z. B. Wahnideen, Halluzinationen) eines Patienten mit psychiatrischer Erkrankung durch eine weitere, ihm nahestehende Person.

DICHTUNG

»Wäre Marilyn Monroe an der Seite einer kleinen, dürren, pickeligen, ihr Leben lang Zahnspange tragenden Schwester durchs Leben gegangen, hätte man sagen können: Frankfurt und Offenbach wirkten nebeneinander wie die Monroe-Schwestern.« Dies schreibt der in Berlin und Südfrankreich lebende, in Frankfurt aufgewachsene Kriminal- und anderweitige Schriftsteller Jakob Arjouni in seinem Roman *Kismet,* der, wie alle hervorragenden Romane um den türkisch-deutschen Privatdetektiv Kayanka, selbstverständlich in Frankfurt spielt; und nicht in Offenbach. Denn was spielt schon in Offenbach? Nicht einmal die Fußballer der Offenbacher Kickers spielen ja im eigentlichen, im engen Sinne; wer das behauptet, der müßte auch finden, Peter Sloterdijk sei ein ernstzunehmender Philosoph und kein reaktionärer Faselhans.

Auch wenn die Diskrepanzen und Distanzen, die Aversionen und Animositäten zwischen den Schwestern am Main sei's aus folkloristischem Kalkül, sei's aus reiner Langeweile so übertrieben geschürt und höchstens halbironisch am Glosen gehalten werden wie sonst und *mutatis mutandis* nur von Köln und Düsseldorf, Marburg und Warburg oder Berlin und New York und die quasineurotischen Stadtkonkurrenzen und -feindschaften, wie ich nach elf Jahren Frankfurt wohl weiß, bloß auf dem allzumenschlichen Bestreben beruhen, die eigenen Defizite durchs Indizieren der nachbarschaftlichen ins rechte, milde Licht zu setzen: Offenbach ist eine sterbende Stadt. Während im wenigstens geographisch benachbarten Frankfurt Wirtschaft, Kunst und Kultur blühen und das Pro-Kopf-Einkommen im vergangenen Jahr die sagenhafte Höhe von zehn Millionen Euro erreicht hat – selbst wenn man Frankfurts viele ausländischen Mitbürger aus insgesamt 8000 Nationen einrechnet, kommt man noch auf gute und runde 68,70 Euro pro Einwohner –, betrug der gesamte Etat der Stadt Offenbach im Doppelhaushaltsjahr 2010/2011 gerade mal 100 Euro, und auch das nur, weil die Putzfrau ihr Portemonnaie beim Stadtkämmerer vergessen hatte.

Nichts geht mehr in Offenbach. In der verödeten Innenstadt kontrollieren Blauhelmsoldaten um einen Kanten Brot bettelnde Großmütter, an den Schulen wird nur noch bis zum Kleinen Einmaleins unterrichtet – also bis zur zehnten Klasse –, und wer kann, flüchtet in eine Stadt mit Zukunft, nach Hoyerswerda, Guben oder Duisburg. 90 Prozent der Offenbacher Gebäude sind baufällig und müßten abgerissen werden, aber dazu ist der Offenbacher zu faul; und wer (man gibt es ja nicht gerne zu)

Bekanntschaft in Offenbach hat, der wird, auch wenn die Klingel wie in praktisch jedem Offenbacher Haus kaputt ist, niemals an der Tür klopfen, wenn ihm sein Leben lieb und der Anzug frisch gereinigt ist.

Schon seltsam, dieses Nebeneinander von beispielloser urbaner Katastrophik und souveräner, geradezu gleißender Eleganz, wie sie Frankfurter Stadtoberhäupter stets verkörpert haben, ob Walter (»Mein Gott«) Wallmann, Andreas von Schoeler (»Schoeler Eis«), Heinz Schenk oder Petra Roth. Boris Rhein, der glänzend juvenile Nachfolger der »roten Petra«, ist da Fleisch vom Fleische: Der so parkett- wie laminatsichere Radiofan, der fließend vom Blatt lesen kann, mühelos die Wurzel aus 100 Millionen zieht und jederzeit weiß, wie der längste deutsche Fluß heißt (»Donau, warum?«) – welch ein Gegensatz zu Offenbachs Stadtchef Hans-Willi Arschbombe, der sein Büro in der Ausnüchterungszelle der einzigen besetzten Polizeiwache hat! Täglich »patrouilliert« der fransige Mittsechziger mit sichtbar aus der Ausverkaufshose baumelndem, von einer dicken, an den Rändern bereits bröckligen und käsig übelriechenden Smegmaschicht überzogenem Geschlechtsteil durch den ihm unterstehenden Gesamtslum und tritt Hunde in den von Speiseresten und Leichen verstopften Rinnstein, bevor er sich an der nächsten (kaputten) Verkehrsampel erleichtert (groß). Unvergessen auch sein zügelloser Auftritt beim Weltgastwirtschaftsforum in Davos, der jedem Offenbacher ein Einreiseverbot in die Schweiz auf Lebenszeit beschert hat – daß mit so einer Figur beim Deutschen Städtetag kein Fördereuro abzugreifen ist, liegt auf der Hand.

Die grundsätzliche Divergenz, der brutale Unterschied zwischen Städten, die nicht einmal eine halbe

Autostunde auseinanderliegen, läßt sich allenfalls historisch erklären: Frankfurt, die alte Kaiserkrönungs- und Freie Reichsstadt, Offenbach, das schon zur Römerzeit als Europas größter Puff galt – noch heute erleben viele arglose Besucher des Offenbacher Ledermuseums eine »schöne« Überraschung. Allein im Dreißigjährigen Krieg wurde die später von Goethe (wie nachher auch Husserl) so genannte »Pestbeule am Main« vierhundertmal völlig zu Recht niedergebrannt; es mußte also gar nicht bis in die dunkle Hitlerzeit dauern, bis Offenbach seinen Ruf als Nazihochburg des Großdeutschen Reiches »weg« hatte.

Überhaupt Hitler. Noch heute ist der führende Verbrecher des Zweiten Weltkriegs Ehrenbürger Offenbachs und erreicht bei Bürgermeisterwahlen regelmäßig 95 Prozent.

Es ist dies nur erklärlich aus der durchweg pathologischen Gesamtverfassung der Offenbacher Bürgerschaft. Wer nicht in mindestens achtzehnter Generation Offenbacher ist, gehört nicht »dazu« und wird geschnitten, und dies nur ausnahmsweise ohne Messer. Keimzelle der Offenbacher »Gesellschaft« (die Anführungszeichen können gar nicht dick genug gesetzt werden) ist die Familie, die streng hierarchisch organisiert ist und dem brutalen Regiment des sogenannten »Babba« untersteht, der nach Gusto Fememorde an in Frankfurt arbeitenden Verwandten oder Nachbarn mit TÜV-geprüften Autos anordnen kann, Bluttaten, die dann, alter Tradition gehorchend, von den jeweils jüngsten weiblichen Familienmitgliedern ausgeführt werden müssen. Da Polizei in Offenbach faktisch nicht existiert und höchstens mal zum Ausländerverprügeln eingesetzt wird, können die Leichenberge ohne Angst vor Strafe im Main versenkt oder, häufiger, an die Pizzerien im Stadtgebiet verkauft werden.

Das Land Hessen, die Bundesrepublik Deutschland, Europäische wie Sowjetunion – alle maßgeblichen politischen Instanzen haben Offenbach längst aufgegeben. Nur der lokale Fußballclub wird außerhalb der Stadtgrenzen noch manchmal als Botschafter von Gewalt, verfehlter Einkaufspolitik und drittklassigem Fußball wahrgenommen, und wer aus guten staatsbürgerlichen Gründen gegen den Einsatz der Bundeswehr im Inneren ist, der hat noch kein Auswärtsspiel des OFC gesehen. Und kein Heimspiel. Und kein Trainingsspiel auch nicht.

Was also tun mit Offenbach, diesem Geschwür im Herzen Europas? Selbst wohlmeinende, tolerante Citoyens mögen den Einsatz von mittelschweren Nuklearwaffen erwägen; aber, und dies das *notabene* einzige, aber doch eminent stichhaltige Argument der Gegner: Bemerkt werden würde das in Offenbach, dieser durch und durch unliebenswerten Urbanfrechheit am Zusammenfluß von Blut und Gemeinheit, sowieso nicht.

WAHRHEIT

Eine feierliche, beinah bedrohliche Stille. Kinder mit offenen Mündern, aus denen der Speichel rinnt, debil lächelnde Frauen in selbstgepflückten Wickelröcken, Männer mit schlechtfrisierter Vollmeise – stimmungsvolle Vorfreude pur in der Frankfurter Commerzbank-Arena beim etwas anderen Gottesdienst des Jahres!

Als der Dalai Lama an diesem 30. Juli um 9.45 Uhr die Bühne betritt, fallen sofort die ersten in Ohnmacht – die Aufregung, die Hitze und die Leere im Kopf machen allen zu schaffen. Einzelne schreien: »Ich will ein behindertes

Kind von dir, Dalai!« Petra Roth, geistliches Oberhaupt aller Frankfurter, begrüßt den frischgeschorenen Mittneunziger mit burschikosem Handschlag: »Im Namen unserer Stadt, die auf eine lange, stolze Tradition der Inferiorität zurückblickt, begrüße ich Seine Heiligkeit, den Reichskanzler von Tibet, Herrn Dr. h. c. Dalli Dalli!«

Auf der Bühne lümmeln Mönche im Änderungsschneidersitz, schlagen sich mit heiligen Klöppeln gegenseitig auf die Köpfe – ein tiefer, bronzener Ton erfüllt das ehemalige Waldstadion. Der Dalai grinst verwegen, steckt sein iPhone in die Kutte und tritt ans Mikro: »Wir sind hier zusammengekommen, um den Geist in uns zu finden. Wir werden lange suchen müssen. Es wird eine sehr lange Reise werden! Und die meisten von uns werden niemals ankommen. Hosianna!« Dann hockt er sich auf seinen Thron aus Elfenbein und ausgestopften Nerzen, fängt an zu summen (»Highway to Hell«) und lächelt spitzbübisch ins Rund. Acht Stunden lang unterweist er seine Fans in tibetischen Summtechniken, macht nur hin und wieder eine Rauchpause oder schneuzt sich geräuschvoll in seinen Sari in modischer Zweifarblackierung. Erleuchteten Schafen gleich, blicken die durch ziellos jagende Elektroimpulse in Bewegung gehaltenen Zellhaufen zu ihm auf und machen die Evolution lächerlich. Ein Ordner wundert sich: »Eigentlich bin ich ja Ordner bei Heimspielen der Eintracht oder U2-Konzerten, aber daß es noch dümmer geht, das ist echt der Wahnsinn!«

Lama-Fan Napoleon Bonaparte (45) hat zweihundert Jahre auf diesen Tag gewartet. Der sympathische Rollatorpilot aus Hamburg-Ochsenzoll besitzt eine Fabrik in Wolkenkuckucksheim mit zehn Millionen Arbeitsplätzen – und weiß, daß Reichtum nicht alles ist: »Was nützt mir das viele Geld, wenn mich mein Gewissen plagt. Ich hätte Hitlers Urgroßmutter umbringen können, aber sie stand nicht im Telefonbuch! Ich hoffe, der Dalai Lama kann mich von meinen Schuldgefühlen befreien.« Beat Brezel (58) und Freundin Regula (17) sind extra aus Interlaken/ Schweiz angereist: »Zugfahrt 400 Franken. Hotel für vier Tage 1200 Franken. Tickets für uns beide 600 Franken. Und alles nur, um 8000 Vollidioten beim Spinnen zuzusehen – ich rate Ihnen eins: Gehen Sie nie besoffen ins Reisebüro, es lohnt nicht.«

Dann wird gemeinsam gebetet: »Vater unser im Himmel«, singt der Lama spuckend und reißt beide Fäuste in die Höhe, »geheiligt ist die Frucht deines Leibes, und dein Wille komme. Liebe dich selbst und deine süße Nachbarin auch, amen, yeah!« Plötzlich bricht die Stille entzwei, begeistert schreien, trampeln und toben die Menschen, machen ihrer Begeisterung Luft: »Benedetto, Benedetto!« hallt es durch die Arena, stundenlang – und, mitgerissen von der Woge der totalen, willentlichen Erloschenheit, erteilt der Dalai Lama der tobend taumelnden Masse noch seinen Segen in glasklarem Hochtibetanisch: »Salem aleikum, wenn i vorbei kumm, hau i dir's Ei krumm! Frieden statt Arschkrebs! Narhallamarsch!«

Dann kommen die Wasserwerfer.

LÜGE

Nur eine halbe Autostunde ist das Taunusstädtchen Kelkheim vom Frankfurter Fußballstadion entfernt, zwei Stunden länger dauert es vom Nürnberger Reichsparteitagsgelände aus – aber was sind Distanzen, was Autobahnkilometer, wenn doch das, was verbindet, keine Ferne kennt.

Also stehe ich in Kelkheim, und schon wieder höre ich es brausen, höre es branden, einen Jubel, der nicht aus einzelnen Stimmen, einzelnen Seelen zusammenklingt, sondern der, halbbewußt höchstens, wie *eine* Stimme, wie *ein* Wille tönt, rast, ein Wille, der, abermals, einem anderen, stärkeren Willen sich fügt, sich wogend in ihm aufzulösen, ganz eins mit ihm zu werden. Das ganze Volk steht auf, die Unterschiede schwinden, egal ob Gefreiter und Postkartenmaler oder Provinzbaron und Schloßbesitzer – das Volk grüßt seinen Führer, der selbst in dunkler Zeit nicht weicht noch wankt, sei's Stalingrad, sei's Doktorgrad, treu steht und fest die Wacht vorm Schleim; die *Süddeutsche Zeitung* am 23. Februar 2011, am Tag, als die Rechts- und Wirtschaftswissenschaftliche Fakultät der Universität Bayreuth Karl Theodor Maria Nikolaus Johann Jacob Philipp Franz Joseph Sylvester Neujahr Freiherr von und zu Guttenberg den Grad eines Doktors der Rechte aberkannte:

»Oben auf der Empore der Stadthalle, wo sich Guttenberg in einem Nebenraum in das Goldene Buch eintragen soll, betrachten ein paar Jugendliche die Menschenmenge unter ihnen. ›Cool‹ finden René Landau, 17, und Anna Besyedina, 18, den Freiherrn aus Kulmbach. ›Einfach nur cool ... Der sagt die Wahrheit, auch wenn sie unbequem ist. Der verbiegt sich nicht, wie andere Politiker.‹«

»Wir sind von Grund auf, von alters her – *ans Lügen gewöhnt*«, schrieb Nietzsche; aber daß vor einem Manne, der der Unwahrheit, des Plagiats, des Betruges überführt ward, die Masse, die Jugend zumal, begeistert und wie selig strammsteht, daß sie in vorbildlicher Gedankenlosigkeit alles nachbetet, was ihr die volksnahen Beobachterinnen *Bild* und *Bunte* so absichtsvoll vorkauen, daß sie noch den schlimmsten Rotz schluckt, ohne sich im allermindesten dafür zu interessieren, ob die Rede vom aufrechten, sich nicht verbiegenden Baron zu Guttenberg auch nur entfernt stichhaltig ist oder nur ein Konstrukt, eine bloße Behauptung der Idioten- und Reklamepresse – das, allen anderen Kampagnen und Suggestionen zum Trotz, ist Deutschland, und es ist herrlich.

Eine Lüge, das wußte Goebbels, wird um so bereitwilliger geglaubt, je unverschämter sie ist, und ob nun einer Minister bleiben kann, der seine Doktorarbeit abgeschrieben hat, ist vielleicht wirklich nicht so wichtig – aber diese urdeutsche Lust am hohen Herrn, an Autorität, Adel und dem, was für Anstand zu halten ihnen von allen propagandistischen Instanzen beigebogen wird, dieses absolute Desinteresse an allem auch nur entfernt Wahrheitsähnlichen, diese allerorts bis zum Anschlag gespreizten Schenkel, daß noch der schlimmste Depp und Döskopp hineinfahren und hemmungslos -stoßen könne – warum dies Volk nicht nehmen und marschieren? Nach Breslau, Moskau, Raunheim? Und wie deprimierend muß das sein für alle Kritikaster und Asphaltjournalisten, die sie immer mäkelnd anschreiben gegen die, die das Volk ficken, und das Volk geht her und schreit: Fickt uns! *Hurra!* »Die Ovationen für Guttenberg nehmen kein Ende ... Denn da war plötzlich in Kelkheim von Sarrazin die Rede gewesen. Guttenberg lobte dessen Buch als ›gute Bestandsaufnahme‹, als ›gut und wichtig‹. Applaus. ›Haben wir uns nicht zuviel mit fremden Kulturen auseinandergesetzt und dabei den Blick für unsere eigenen Wurzeln verloren?‹ Applaus.«

Sie wollen den totalen Krieg, immer noch, sie wollen Herde sein und Masse, sie wollen ein Kind von jedem, der gut aussieht und viel Geld hat und der, wo's ums eigene Lumpendasein geht, vom Ausländer spricht, weil er weiß, daß die Masse gerade auf die äußersten Skrupellosigkeiten nur gewartet hat. »Der Applaus will kein Ende nehmen, die Menschen stehen Spalier. ›So einer wie der ... kann auch Kanzler werden.‹ Guttenberg sei eloquent, vertrete dezidiert seine Meinung und stehe für unbequeme Wahrheiten.«

Die unbequeme Wahrheit, das war er freilich selbst.

Zwölfte Station: Köln

Selbstverstümmelung: kann bei Menschen vorkommen, die an einer psychischen Krankheit leiden, beispielsweise Persönlichkeitsstörungen, Rentenneurose, Schizophrenie, wahnhaften Störungen.

Paris, mon Dieu! Drei Tage mit der schönsten Ehefrau von allen in der Stadt der Liebe an der Seine. Guter Wein, teures Essen, Kellner, deren sardonischer Blick das Wunder vollbrachte, zwei Zentner Gast in Luft zu verwandeln. Aber die Sonne schien, man verstand mitunter, was ich sprach, und ich fand sogar die Absturzkneipe im Marais wieder, in der ich, angeführt von meinem Schulfreund Eddie, der sich nach dem Abitur als Kinderhüter in Paris verdingte, manche Nacht im Rausch verschlafen hatte, und immer wenn ich aufgewacht war, stand Eddie in der Unterhose auf dem Tresen und sang die Marseillaise. Das macht er übrigens immer noch, wenn auch nicht mehr hier, denn die Absturzkneipe ist mittlerweile touristenfreundlich renoviert und verfügt sogar über ein Klo, das auch Nichtschwimmern zugänglich ist.

Paris erreicht man von Köln aus mit dem Thalys, einer eigentümlichen französischen ICE-Variante ohne Verspätungen, anglophobe Zugdurchsagen, hilflose Senioren und mobile Brezelverkäufer. In den Thalys darf man nur mit Reservierung, also stellt sich auch an Freitagen nie das Gefühl ein, in einen Flüchtlingszug geraten zu sein, und überhaupt geht es vorbildlich gesittet zu. Da füllt man auch das achtseitige Formular zur Optimierung der Kundenzufriedenheit, das einem (von *wirklich* mehrsprachigen Zugbegleitern) sowohl auf der Hin- als auch auf der Rückfahrt ausgehändigt wird, gerne aus.

Ich bin ja, selbst nach kurzen Reisen, immer froh, wieder nach Hause zu kommen, denn im eigenen Bett, spricht Oma wahr, schläft es sich doch am besten. Was ich nie begriffen habe, ist, wie jemand eine *Weltreise* machen kann. Ich habe nach allerspätestens vier Wochen die Schnauze voll von der Fremde, und ich weiß noch, wie seltsam ich auf meinen frühen Rucksackreisen die (meist angelsächsischen) jungen Pärchen fand, die sich *auf Weltreise* befanden und also die Unter-null-Sterne-Absteigen, in denen wir Jungtouristen in Tel Aviv, Marrakesch oder Malaga gottlob vorübergehend hausten, für ein oder zwei Jahre nicht wieder verließen. Es war mir schleierhaft, wie man es als Lustgewinn verbuchen kann, zwei Jahre lang seine Unterhosen in den Waschbecken irgendwelcher Herbergslöcher einzuweichen, und das in Zeiten, in denen es noch kein Internet gab und man sich also zwischendurch nicht einmal Fußballergebnisse hätte holen können. Heute verstehe ich das eher noch weniger, man wird halt immer bequemer. Oder jedenfalls ich.

Nach dreieinhalb Tagen hatte ich also nichts dagegen, Paris wieder gegen den heimatlichen Küchentisch einzutauschen; aber daß und wie weit ich wirklich weg gewesen war, fiel mir erst auf der Rückfahrt, beim Umsteigen in Köln so richtig auf.

Der ICE nach Bielefeld steht noch im Bahnhof, er ist so gut wie leer. Am Tisch auf der gegenüberliegenden Seite des Ganges sitzt ein deutsches Paar in den guten Jahren vor den besten Jahren. Das Paar, nicht unsympathisch, sieht aus, wie ein deutsches Paar in einem Katalog nationaler Phänotypen, gäbe es einen, aussehen würde: Der Mann, mittelgroß und vollschlank, in Kurzarmhemd und diesen taubenblauen, restlos funktionalen Jeans im Fallrohrschnitt, die die Route 66 am lokalen Baumarkt enden lassen. Aus den nüchternen Sportschuhen wachsen weiße Socken, zwischen Stirn und Nacken spannt sich das, was man in meiner hessischen Heimat mit »Das ist keine Frisur, das sind Haare auf dem Kopf« umschreibt. »Eleganz heißt, in Rufweite hinter der Mode zu sein«, lobte Mercedes-Benz seine Fahrzeuge, als sie noch elegant waren. Mein Zugnachbar lebt sichtlich schalldicht.

Seine Frau, kleiner und schmal, trägt eine türkisfarbene Dreiviertelhose aus Baumwolle, darüber ein Spaghetti-Top in Eierschale mit feinen roten Querstreifen, was nicht schlimm wäre, wäre die Trägerin nicht rothaarig und hellhäutig und hätte sie das beim letzten Sonnenbad berücksichtigt. Auf der Nase, die, rätselhaft genug, viel weniger rot ist als die aufreizend glosende Schulterpartie – »Das Werk der Zerstörung der Sonne an einem Nordeuropäer hat große Schönheit« (Peter O. Chotjewitz, *Die Insel. Erzählungen auf dem Bärenauge*, Reinbek 1968, S. 18) –, sitzt eine dieser bonbonfarbenen, auf *witzige* Weise verschweißten Brillen, wie sie es in Frankreich (und überhaupt im romanischen Raum) nicht gibt, wie ich sie jedenfalls in Paris nicht gesehen habe, auch im Thalys nicht, genausowenig wie in Tel Aviv, Marrakesch oder Malaga, genausowenig wie dieses vollumfängliche, wahrscheinlich dem Protestantismus, Hitler oder sonst einer nationalen Besonderheit geschuldete Ungeschick in Angelegenheiten von Auftritt und Garderobe. Und das ist es, was mir, dem Nationalpathologen, in dieser Minute im Bahnhof von Köln, eine Stunde hinter Frankreich, wo Männer in kurzen Hosen und Frauen mit Strähnchenfrisuren praktisch unbekannt sind, so brühendheiß in die Ganglien sickert.

Wir waren zu Hause.

Der patriotische Journalist Matussek *(Der Spiegel)* hat seinem geliebten Vaterland gelegentlich folgendes Zeugnis ausgestellt: Es sei »idealistisch, witzig, anspruchsvoll, gutmütig, weltoffen, romantisch. Es paßt gut in eine globalisierte Welt, in der die Grenzen gefallen sind, denn es ist leichtes Gepäck. Es ist luftig. Es wohnt im Herzen.«

Das stimmt nicht. Es wohnt im Kleiderschrank. Da, wo er am finstersten ist.

Daß ich diese Einschätzung in Köln bestätigt fand, der ideellen Gesamtbausünde am Rhein, die, samt ihrer optisch tipptopp solidarischen Bewohner, zu nah an Frankreich liegt, als daß nicht auffallen müßte, wie sehr weit weg hier Frankreich ist, war zwar Zufall, aber gewiß ein höherer. Denn die Deutschen sind, in ästhetischer Hinsicht, Köln; und wer einmal, und sei's nur als Passant, in einen Kölner Junggesellenabschied (m/w) geraten ist, der weiß, was es mit dem häßlichen Deutschen auf sich hat.

Das reißt auch Richard David Precht nicht raus.

Dreizehnte Station:
Mallorca

Regression beschreibt innerhalb der psychoanalytischen Theorie einen psychischen Abwehrmechanismus. Mit dem Ziel der Triebimpuls-Abwehr oder der Angstbewältigung erfolgt ein zeitweiliger Rückzug auf eine frühere Entwicklungsstufe in der Persönlichkeitsentwicklung mit einfacheren, primitiveren Reaktionen und in der Regel auch tieferem Anspruchsniveau.

Wer einen Tag mit Peter Maffay auf Mallorca verbringen will, der muß früh aufstehen. »Ich hole Sie um sechs Uhr ab«, hatte mir der sympathische Rocker am Telefon gesagt und dann sofort aufgelegt, um jeden Widerspruch im Keim zu ersticken. Ich kam nicht einmal dazu, ihm den Namen meines Hotels mitzuteilen. Aber so ist Maffay eben: geradeaus, kompromißlos, ein Rocker. Wenn auch ein kleiner, der früh aufsteht.

Am nächsten Morgen sitzen wir trotzdem auf der Plaça Mayor, dem Marktplatz von Polenta im Nordosten der Insel. Es ist erst Viertel nach sechs, und das Café, vor dem wir sitzen, hat noch gar nicht geöffnet. Aber das ist eben der Preis, den man für ein kompromißloses Rockerleben zahlt.

»*Pollença*«, korrigiert mich Maffay und schaut energisch über die Tischkante. »Es heißt Pollença. Und im übrigen stimmen die Klischees über mich gar nicht. Neulich erst habe ich dem Kollegen Bushido einen Bambi für Integration überreicht. Wenn Sie einen kompromißlosen Künstler suchen, wenden Sie sich an Heino. Der hat seinen Bambi nämlich zurückgegeben.«

Hätte ich mich an Heino gewendet, denke ich, säße ich jetzt nicht auf Malle, sondern in Bad Münstereifel, wo Heinos legendäres »Rathauscafé« sicher auch noch nicht geöffnet hat. Außerdem komme ich ja eher aus der Popecke und bin mit dem ganz harten Kram am Ende überfordert.

Maffay schaut ins Leere, fragt mich dann höflich, ob er mich duzen kann. Klar kann er, mein kleiner Patensohn duzt mich ja auch. »Eines meiner Alben heißt nicht umsonst *Begegnungen*. So ein Preis kann Versöhnung und Neubeginn sein. Dieser Preis ist ein besonders wertvoller, und ich bin sicher, daß Bushido danach handeln wird.«

»Du, dieser Preis ist ein sagenhafter Quatschpreis«, entgegne ich, »wie die meisten anderen dieser Preise zu nichts nütze, als ein paar prominente Nasen in die Quatschzeitschriften der Leute zu bringen, die den Quatschpreis eben darum gestiftet haben.«

Peter reagiert nicht, schaut wieder ins Leere. Könnte gut sein, daß ich das gar nicht gesagt habe, aus Angst, von einem Rocker noch vor dem ersten Kaffee auf die Mütze zu kriegen. Oder in den Bauch, an die Mütze käme er ja gar nicht ran, und ich trage ja auch keine.

Um uns herum werden Obst- und Gemüsestände aufgebaut, ein Teil der Ware kommt von Peters eigener Bio-Finca: Zwerggurken, Cocktailtomaten, Minikürbisse. Seit ein paar Jahren baut er auch Wein an. »Meine 2010er Rokkerbeerenauslese hat neulich das Prädikat *15W40* erhalten, das hat mich mit Stolz erfüllt.« Die Finca hat er 1995 gekauft, er lebt hier mit seiner achten Frau Josie und seinem Sohn Yaris, den es längst in der umweltgerechten Hybridversion gibt. »Für die Leute hier bin ich nicht der berühmte Rocker aus Deutschland, sondern einfach *el pigmeo,* der Pigmentierte, weil ich immer so braun bin, von der Feldarbeit.«

Da wir immer noch keinen Kaffee haben, schlägt Peter mir vor, auf seine Finca zu fahren. »Sie heißt eigentlich *Ca'n Sureda*«, erläutert der erfolgreiche Sänger, nachdem er in den Wagen geklettert ist und den letzten Karabiner ausgeklinkt hat. »Die Einheimischen nennen sie aber neuerdings *Ca'nt Sing,* ist sicher irgendein Dialektscherz.« Als wir ankommen, ist das erste, was wir sehen, eine kleine Kapelle. Hier hat Maffay seine Mutter beerdigt, die den Bauarbeiten irgendwann nicht mehr gewachsen war. »Ich glaube an Gott«, sagt der Sohn, »auch wenn ich mich oft frage, warum er soviel Schlimmes zuläßt.«

Ich muß an *Tabaluga* denken, den kleinen Drachen, der unbedingt Feuerwehrmann werden will und den Maffay erfunden hat, um uns alle daran zu erinnern, daß man die Kindheit nie vergessen darf. Während Peter sich vom Fahrersitz abseilt, ertappe ich mich, wie ich einen alten Maffay-Gassenhauer summe: »Ich wollte nie erwachsen sein, / hab' immer mich zur Wehr gesetzt. / Von außen wurd' ich hart wie Stein / und doch hat man mich oft verletzt. // Irgendwo tief in mir / bin ich ein Rind geblieben«, pardon: »bin ich ein Kind geblieben / erst dann / wenn ich's nicht mehr spüren kann / weiß ich, ist es für mich zu spät, zu spät, zu spät.« Auf Youtube, wo man sich das alles ansehen und -hören kann, sind die Fans der einhelligen Meinung, daß Erwachsensein das allerletzte ist und man tief im Herzen ein Kind mit Rechtschreibschwäche bleiben soll. Was jedenfalls erklärt, warum sich deutsche Frauen ihre Autos mit Plüschfiguren vollhängen: Maffay-Fans, ob sie das nun wissen oder nicht.

Damit Peter nicht vergißt, was es heißt, ein Kind zu sein, gibt es die »Peter Maffay Stiftung«, und die lädt, wie in *Bild* zu lesen war, jedes Jahr »etwa 300 traumatisierte Jungen und Mädchen auf die Finca ein, wo sie spielerisch lernen sollen, daß beispielsweise Bohnen nicht aus der Konservendose kommen. ›Für die Kinder ist wichtig zu lernen, daß ein Tier, das sie gestreichelt haben, kurz darauf Milch gibt, die man trinken kann.‹« Daß Tiere, die man streicheln kann, anderswo zu »mallorquinischen Würstchen« verarbeitet werden, die Maffay dann *Bild*-Reporterinnen verehrt (»Ja, ich mag die Songs von Peter Maffay«), lernen die Kinder nicht, aber das ist, Stichwort Trauma, sicher auch besser so.

Auf Peters Finca gibt es auch noch eine Bio-Bäckerei, wo ziemlich kleine Brötchen gebacken werden, und eine Käserei, deren Eingang ein Witzbold mit dem Schild »Tonstudio« versehen hat. »Ich war blutiger Laie in Sachen Landwirtschaft«, hat Peter der *Bild*-Mamsell anvertraut. »In der Käserei würde ich buchstäblich nur Käse fabrizieren, die Jungs würden mich sofort rauswerfen.« Wozu es aber gar keinen Grund gäbe, denn eine Käserei ist doch dazu da, daß man buchstäblich Käse in ihr fabriziert. Den Käse im übertragenen Sinne findet man dagegen in der *Bild*-Zeitung oder auf tabaluga.com.

Aber solche Anwürfe tropfen an dem gebürtigen Rumänen und früheren Kreditbetrüger (»Über sieben Bürgen mußt du gehn«) ab wie die Tomaten, die ein Rock-kritisches Publikum auf ihn warf, als er 1982 im

Vorprogramm der Rolling Stones auf der Bühne stand. »Das war mein Waterloo«, wird Maffay später sagen. »In dem Moment wußte ich: Ich will mich niemals wieder mit Treibhaustomaten bewerfen lassen.« Die Idee zur Bio-Landwirtschaft war geboren.

Aber das ist lange her, und ich bin froh, daß mich Peter nicht fragt, ob ich eher Maffay- oder eher Tomaten-fan bin. Es spielt auch keine Rolle, 14 Nummer-eins-Alben sprechen eine deutliche, wenn auch nicht besonders schöne Sprache. Ich mache es wie die Kollegin von der *Bild*-Zeitung und bin jetzt einfach Fan des virilen Kleinst-bauern, der ja gewiß auch eine Meinung über mich hat, aber nie auf die Idee käme, sie mir einfach so ins Gemächt zu sagen. »Dafür klaubt er während unseres Spaziergangs Müll auf, zupft hier und da Unkraut. Und das macht er verdammt professionell« *(Bild).* Gelernt ist halt gelernt.

Maffay bezahlt seine Stiftung zum größeren Teil aus der privaten Schatulle, »in Berlin soll bald ein ›Tabaluga-Haus‹ für Wohngruppen sozial benachteiligter Kinder er-öffnen«. Der Vater Alkoholiker, die Mutter Hartz IV, tags-über Restschule, und am Ende des Tunnels wartet dann das von klinisch infantilen CD-Käufern finanzierte Taba-luga-Haus, wo man lernt, nicht wie Bushido zu handeln, sondern mit dem Herzen zu sehen. Wer den Regen ge-wohnt ist, den überrascht die Traufe nicht.

Peter steht am Wagen und scheint vergessen zu haben, was er wollte. Wie es so ist als alternder Rocker, frage ich.

»Ich habe keine Angst vorm Alter und finde, jede Falte in meinem Gesicht ist eine Erzählung aus mei-nem Leben«, sagt der muskulöse Fan von Little Richard mit einer Sicherheit, als habe er diesen Satz bereits auf gutzitiert.de hinterlegt. Ich weiß, daß Peter früher drei Flaschen Whisky am Tag getrunken hat, und muß an Harald Juhnke denken, der auch einmal sang, daß ihm keine Falte leid tue, bis er dann Frank Sinatra nicht mehr von Frank Zander unterscheiden konnte.

Trotzdem: Ist nicht unser aller Leben eine Sammlung von Erzählungen, Erzählungen von Peter Maffay gar? Erst war lange Zeit Sommer, dann ist man 17 und weiß nicht viel von der Liebe, dann kommen die Drogen (»Sonne in der Nacht«), dann die großen Gefühle (»Sorry Lady«), man wird Vater (»Ich hab's nicht gewollt«) und schließlich alt und leidlich weise (»Das Leben ist ein Würfelspiel«). Und was die wenigsten wissen, Peter Maffay hat auch politische Songs geschrieben: »Angela / Der Wind kann sich noch drehen« landete 1972 zwar bloß auf Platz 28 der deutschen Single-Charts, beschreibt aber heute, vierzig Jahre später, den politischen Stil einer ganzen Ära.

Peter schweigt noch immer, und ich erinnere mich daran, daß er einmal ein Fernsehinterview mit der Begründung abgebrochen hat, er diskutiere nicht mit Idioten. Mit der Henne von *Bild* hat er deshalb auch nicht diskutiert, sondern bloß gesprochen, und zwar übers Karriereende: »Wenn ich aufhöre, dann möchte ich einen guten Grund haben. Den habe ich noch nicht.« Das ist wie mit einem Tripper: Daß man ihn noch nicht hat, heißt nicht, daß es ihn nicht gibt.

Was *ich* noch nicht habe, ist ein Kaffee, aber ich traue mich nicht zu fragen. Mein Magen ist so leer, daß ich fürchte, mein Reflux werde sich melden, und wieder fällt mir ein passender Maffay-Song ein: »Ich leb' nur, wenn Feuer in mir brennt« – das, so ahne ich, ist Peter Maffays Erfolgsgeheimnis. Er weiß, daß in den Menschen ein Feuer brennt, eine Flamme, ein Flämmchen, vielleicht auch nur eine Funzel, und dann hält Maffay den Rockschlauch drauf, und nichts kann mehr anbrennen. In diesem Sinne will ich das Schweigen mit einer Frage brechen, auf die ich die Antwort schon kenne, weil sie nämlich in der *Bild*-Zeitung stand.

»Peter«, frage ich. »Dein Album *Tattoos* – reicht es, dieses Album einfach nur zu hören?«

Peter legt den Kopf in den Nacken und sieht mir direkt in die Nasenlöcher. »*Tattoos* ist ein Album, das man nicht nur hören, sondern auch fühlen sollte.«

Dann schweigt er wieder, sehr zu Recht, denn damit ist ja nun wirklich alles gesagt. Wer nicht nur hören will, der muß auch fühlen, und ich, ich fühle mich langsam so schwach, daß ich überlege, ob ich mich bei Dieter Bohlen zum Frühstück einladen soll. Der hat doch bestimmt eine megageile Espressomaschine.

Zum Abschied gibt Peter mir die Hand. Er sagt: »Mach's gut, mein Freund«, und erst im Taxi fällt mir ein, daß das ein früher Song von ihm ist:

»Mach's gut, mein Freund,
Was ich dir noch sagen wollte:
Mach's gut, mein Freund,
Du hast mir zuviel verdorben.

War'n alle still und sprachen nichts,
Hast du sie totgeredet.
Das Schwätzen war dein Element,
Ich kenn dich, wie dich keiner kennt.«

Die Frage ist bloß: Woher?

Vierzehnte Station:
Randerath bei Aachen

Hysterie: 1. Bezeichnung für Persönlichkeitsstörung, bei der Geltungsbedürfnis, Egozentrismus und ein Bedürfnis nach Anerkennung im Vordergrund stehen; 2. Bezeichnung für psychogene körperliche Störungen i. S. einer Konversionshysterie oder als Angsthysterie, bei der die Angst auf ein bestimmtes äußeres Objekt fixiert ist.

Es gibt die Mehrheit, und es gibt die Minderheit.

Die Mehrheit ist stark, und die Minderheit ist schwach.

Es gibt Leute, die sagen, daß die Mehrheit immer unrecht hat. Diese Leute sind in der Minderheit.

In Randerath bei Aachen wohnt ein Mann, nennen wir ihn Helmut.

Helmut ist Frührentner und hat ein Haus, ein Haus in Randerath bei Aachen.

Helmut hat einen Bruder, nennen wir ihn Karl. Karl ist 57 und sitzt im Gefängnis, er hat drei Mädchen vergewaltigt, zweien davon hat er danach das Geschlecht zugenäht. 17 Jahre und 8 Monate hat er dafür schon im Gefängnis verbracht.

An einem Freitag im Februar 2009 kriegt Helmut einen Anruf. Sein Bruder wird entlassen. Helmut sagt, daß er kommen kann, in sein Haus in Randerath bei Aachen.

Am Montag erfährt der Landrat davon, daß Karl in das Haus seines Bruders ziehen will. Karl ist ein verurteilter Sexualverbrecher, aber die Sicherheitsverwahrung ist neuerdings rechtswidrig. Man kann Karl nicht länger einsperren. Aber weil der Landrat das nicht einfach mitverantworten will, daß ein verurteilter Sexualverbrecher durch Randerath bei Aachen läuft, und weil außerdem Wahlkampf ist, schreibt er eine Pressemitteilung und stellt Polizisten vor Helmuts Haus.

Was dann passiert, entnehmen wir dem *Spiegel*, Ausgabe 40/2011: »Helmut, sein Bruder Karl, die Frau und der Sohn sahen mit dem Fernglas durch heruntergelassene Jalousien auf die Straße. Sie sahen Transparente, auf denen ›Sexbestie‹ stand und ›Raus du Sau!‹. Die Nachbarn schrien: ›Wir wollen keine Kinderschänderschweine‹ und ›Gib uns deinen Bruder raus!‹ Sie nannten es ›Demonstrationen‹, das Blaulicht von Streifenwagen gab den Veranstaltungen behaglichen Schutz. Als die Monate wärmer wurden, spielten die Nachbarn Boccia vor dem Haus, sie feierten Geburtstage und grillten Würste, während sie den Kopf des Bruders forderten. Als die Herbststürme kamen, bauten sie ein Zelt auf.«

Karl stört das nicht. Er denkt nicht daran, wieder wegzugehen aus Randerath bei Aachen.

Sein Bruder Helmut möchte sich sein Leben nicht zerstören lassen, er sucht nach einer Wohnung für seinen Bruder, außerhalb.

Was dann passiert, entnehmen wir dem *Spiegel*, Ausgabe 40/2011: »Er fuhr mit Karl nach Mönchengladbach, sie hatten eine Wohnungsanzeige gefunden, 250 Euro plus Nebenkosten, sie bezahlten 160 Euro Maklerprovision, an einem Donnerstag sollten sie wiederkommen, um den Vertrag zu unterschreiben. Einen Tag vorher rief der Makler an und sagte, die Sache habe sich zerschlagen. Die *Bild*-Zeitung hatte ein Foto von der Wohnung veröffentlicht und geschrieben, das sei das neue Zuhause des Kinderschänders.«

Also bleibt Karl bei seinem Bruder, in dessen Haus in Randerath bei Aachen.

Ein paar Häuser weiter wohnt Erwin. Erwin ist Tankstellenpächter und Familienvater, er hat eine halbwüchsige Tochter. Er gehört zu den ersten, die sich vor Helmuts Haus postieren. Er hat ein Megaphon dabei und Transparente. Er geht in seiner Aufgabe auf, wird später angeben, sich gefühlt zu haben wie das »Gesicht des Kinderschutzes« in Randerath bei Aachen.

Als Karl, trotz Megaphon und Transparenten, nicht auszieht aus dem Haus seines Bruders, setzt sich Erwin mit einem Kumpel zusammen und überlegt sich eine neue Strategie. Sie wollen den Bruder »knacken«, wie sie dem *Spiegel,* Ausgabe 40/2011, in der Rückschau erzählen. »Wir mußten sein Ego brechen, um ohne den Kinderschänder zu leben.«

Also wird Helmuts Ego gebrochen. Helmuts Frau wird als »Hure« und »Schlampe« beschimpft, der Sohn in der Schule aufgezogen. Heimlich aufgenommene Videos von der Familie werden ins Internet gestellt. »Wir waren nicht mehr die Draxlers. Wir waren die Kinderschänder. Wir sind behandelt worden wie Verbrecher. Ich, meine Frau, mein Sohn«, sagt Helmut Draxler dem *Spiegel,* der auch ein Flugblatt zitiert, das Helmut in seinem Briefkasten findet:

»Wir müssen sagen es ist schon Allerhand das Sie Ihren Bruder aufgenommen haben, und wir denken alle es geht ums Geld ... das Sie von Ihrem Bruder erhalten haben. Würden Sie Ihre Familie lieben besonders Ihren Sohn der wahrscheinlich der leittragenste ist an der ganzen Situation. Es sei denn Sie sind aus dem selben Holz geschnitzt. Und das sind Sie,denn das was Sie da alles veranstalten zeigt Ihren Karakter,der ist für in die Müll zu kloppen. Denn Bildung haben Sie auch nicht. Wie Sie aussehen das wissen Sie ja bestimmt,aber mit so einem Gewissen kann man ja nicht gut in den Spiegel kucken ... Ihr seid alle zum kotzen, und das war schon vorher so als Sie einzogen von da an fanden wir Euch zum kotzen. DIE MITBÜRGER«

Helmut legt sich mit den Polizisten an, wird festgenommen, kommt in die Psychiatrie, vorübergehend.

Erwin hat die DVDs mit Fernsehbeiträgen über seinen Kampf aufbewahrt, die ihm eine Redakteurin vom Südwestfunk geschickt hat. »Lassen Sie sich nicht unterkriegen«, hat sie dazugeschrieben.

Auch eine Mutter von drei Kindern macht bei den Demos mit. Der *Spiegel*-Reporter Matthias Geyer fragt sie, ob sie denn Angst um ihre Kinder gehabt habe.

Die Frau sagt: Nein.

Warum habe sie dann mitgemacht?

Die Frau sagt, das wisse sie nicht.

Obwohl die NPD nicht anstand, mit den Leuten von Randerath gegen Kinderschänder zu demonstrieren, sind die

Leute von Randerath keine Nazis. »Die Demonstranten, die zur Zeit immer noch täglich ab 18 Uhr an den Bahnschienen stehen, sind absolut friedlich, nicht rechts, sondern haben einfach nur Angst um ihre Kinder«, kommentiert ein Randerather im Blog der *Taz*. Bei *Spiegel online* weiß ein anderer Randerather, wie die Straßen wieder sicher werden: »Ich will's nicht offen sagen, aber vor 50 Jahren hätte man so was schnell erledigt.« Und eben nicht vor 70. Von Nationalsozialismus also keine Spur in Randerath bei Aachen.

Karl lebt heute in Gelsenkirchen, in der Sozialtherapeutischen Anstalt. 466 Tage hat es gedauert, dann ist er gegangen, weg aus Randerath bei Aachen.

Vor Helmuts Haus sitzen manchmal immer noch Leute, die Bier trinken, Zigaretten rauchen und darauf warten, daß auch Helmut endlich auszieht, wegzieht. Helmut kann aber nicht wegziehen, niemand will sein Haus kaufen, weil es das Kinderschänderhaus ist. »Helmut Draxler öffnet das Küchenfenster, das mit Folie beklebt ist, damit niemand hineinsehen kann. Er guckt durch einen Spalt auf die Straße und macht das Fenster wieder zu. ›Die sind krank‹, sagt er, ›das sind Geistesgestörte.‹«

Im übrigen ist in Randerath bei Aachen wieder Ruhe eingekehrt. Ein Arschloch ist weg. Die anderen sind noch da.

Endstation:
Bielefeld

Mal sieht man gern in einen Abgrund u mal lieber aufs Meer,
es ist alles nur eine Kopfbewegung voneinander entfernt.

Das ist jetzt natürlich dumm, daß mir das Lesezeichen
rausgefallen ist. Alle Briefe von Benn an seinen Freund
Oelze hab' ich gelesen, bis auf die letzten, irgendwann
1954 muß ich den Faden verloren haben, wenn nicht
noch früher.

Den Band habe ich aus dem Buchstapel auf dem
Küchenfenstersims gezogen, und die Höhe des Stapels
zeigt an, ich bin nicht erst seit gestern hier. »Je älter man
wird, umso gewaltiger wird das Tempo der Wochen u
Monate, sie fliegen mit mehr als Schallgeschwindigkeit
dahin, sie existieren kaum noch, sind nur *vorbei, vorbei*«
(30.10.53). Und eh man es sich versieht, ist man schon
wieder zwei Jahre an Ort und Stelle und sagt, sich in
Frankfurt, München oder Hamburg zur Rückreise rü-
stend: Ich fahr' heim.

Nicht-Bielefelder tun ja immer sehr verschwörerisch,
wenn die Rede auf Bielefeld kommt, und wollen wissen,
ob es Bielefeld tatsächlich gebe; es gibt da wohl ein Buch,
das das Gegenteil behauptet. Der Witz ist allerdings

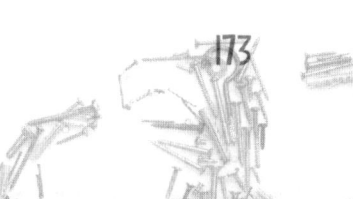

173

geklaut und 15 Jahre alt, damals behaupteten die Schweizer *Aeronauten*, Schaffhausen, ihre Heimatstadt, sei eine Illusion. Mag sein, Bielefeld ist das Schaffhausen Deutschlands, ich weiß es nicht; ich weiß bloß, daß die zeitgenössische Neigung zum so pausen- wie gedankenlosen Ulk mitunter schwer erträglich ist. Im Park, den wir hier vor der Tür haben, werden neuerdings Hunde Gassi geführt, auf deren Geschirr, in Verballhornung des Wortes Schutzhund, »Schmutzhund« steht. Ich habe das erst gar nicht verstanden, weil ich mir nicht vorstellen konnte, daß es Leute gibt, die Wert auf die Botschaft legen, nicht klüger als ihr Hund zu sein. Gibt es aber doch, und zwar genügend, um Nachfrage für die noch etwas idiotischeren Varianten »Couchpotatoe« (falsch im Original), »Ball Junkie«, »hinten ⇨« und »Wer? Ich??« zu schaffen.

Ist, wie ich feststelle, aber der reine Benn: »in sich selbst leben u. am Ende sich in sich selbst verdunkeln lassen, noch einmal zurück sehn u dann die Lichter löschen« (10.8.52). Der eine löscht sie später, der andere früher. Muß man sich vielleicht auch mal mit abfinden.

Wie verrückt ist Bielefeld? haben sie mich im Verlag gefragt, als ich ihnen das Buch vorstellte.

Wahrscheinlich gar nicht, habe ich geantwortet, das sei ja gerade das Schöne. Nach Tausenden Kilometern Verwirrung, Psychotik und Blödianität sei eine so eminent normale Stadt wie die, in der für eine Weile zu leben mir der Zufall aufgetragen hat, doch die geradezu logische Pointe, jedenfalls in dialektischer Hinsicht, tatsächlich auch etwas, auf das hinzuarbeiten, hinzureisen lohne, so wie die grausten Bürotage nur erträglich sein mögen mit der Perspektive auf drei Wochen Ibiza.

Nein, Bielefeld ist nicht verrückt. Das Verrückteste an Bielefeld sind wahrscheinlich die Öffnungszeiten der Änderungsschneider, die ziemlich genau denen von Arztpraxen entsprechen, mit dem Unterschied, daß Ärzte nur den *halben* Mittwoch schließen. Ich will gar nicht wissen, wie oft ich, aus Frankfurt zugezogen, wo die Änderungsschneider nicht Sprechstunde, sondern Geschäftszeiten haben, vor verschlossenen Bielefelder Schneidertüren stand. Das glaubt man gar nicht. Und das in der alten Textilstadt Bielefeld!

Das war es aber auch schon; wenn man davon absieht, daß die Universität allen Ernstes plant, ihr Campus-Wegenetz wissenschaftsnah und alleinstellungsförderlich umzubenennen, so daß sich Wohnheimbesatzungen u. U. mit der Meldeadresse »Soziales Feld 5« werden anfreunden müssen, was aber leichter fallen mag, wenn man weiß, daß die Vorlesung in der Methode 28 stattfindet; und die Bafög-Stelle in der Randbedingung (Ecke Hypothese) ist.

Auch das glaubt man nicht. Dem Vernehmen nach soll eine Straße sogar »Einsicht« heißen; vielleicht sollte das Planungsbüro dort eine Filiale eröffnen.

Egal. Im groben Unterschied zu Frankfurt funktionieren z. B. die Rolltreppen in Bielefeld stets tadellos, und der ostwestfälische Dienstleister ist in der Regel viel freundlicher als sein Kollege vom Main. Verrückt ist höchstens, apropos, daß der Bielefelder sein lokales Flüßchen, die Lutter, am Beginn des 20. Jahrhunderts in den Untergrund verlegt bzw. *verrohrt* hat, um hundert Jahre später unter dem Schlachtruf »Befreit die Lutter!« eine Bürgerinitiative zu gründen, deren Erfolg sich heute an wenigen hundert Metern oberirdischem Bachlauf ablesen läßt, in dem im Sommer Kinder planschen und den man, wenn einen die Kinder nerven, sogar abstellen kann. Keinem Bielefelder würde es aber einfallen, hier ein Konzerthaus hinzustellen, schon gar nicht, weil eine Lutterphilharmonie im Lutherjahr die Lutherbotschafterin Käßmann anzöge und Bielefeld zwänge, sich mit deren tiefempfundener und bestens verkäuflicher Sehnsucht nach Beheimatung ins Benehmen zu setzen. Der Bielefelder ist aber bereits sehr ordentlich beheimatet, und wenn er am 12. Juni 2012 trotzdem in die Altstädter Nicolaikirche geht, um sich für 22 Euro im Rahmen einer von Käßmann unter dem abermals recht einfallsreichen Titel *Sehnsucht nach Leben* angebotenen »Konzertmeditation« die spiritual-evangelikalen Flötentöne beibringen zu lassen (»Musik: Hans-Jürgen Hufeisen«), dann höchstens, um sich ein bißchen aufzuwärmen, denn in Bielefeld kann es im Juni noch schneien; ehrlich wahr.

»Ein bischen Leben, mehr haben wir nicht, seien Sie doch nicht so anspruchsvoll, so ambitieux. Wollen Sie vielleicht Glück? Darauf haben Sie natürlich gar keinen Anspruch« (Benn an Oelze, 26.7.55).

Verrückter wird es hier nicht, und das Verrückteste ist, daß es mir beinahe nichts ausmacht. Auf einer Hochzeit neulich traf ich einen Bekannten, den ich an die zwanzig Jahre nicht gesehen hatte und der jetzt in Bonn lebt, genauer: in Bad Godesberg, gewissermaßen das Bonn von Bonn. Er sagte, das mache ihm gar nichts, tagsüber arbeite er, abends habe er Familie, und wenn er ins Konzert oder Museum wolle, dann fahre er mit der Straßenbahn nach Köln.

Ich pflichtete ihm bei, denn das einzige, was mir

in Bielefeld wirklich fehlt, ist ein Kino, das regelmäßig Originalversionen zeigt. Ich mag einen Film, in dem ein amerikanischer Cop und ein irischer Bulle englische Drogenhändler jagen, nicht auf deutsch ansehen, obwohl diese Nivellierung dem Bielefelder Lebensgefühl, das weiß, daß es selbst bis Hannover schon eine Stunde ist, wahrscheinlich ziemlich einleuchtet. »Der Süden ist sehr eindrucksvoll, aber der Norden auch. Die Liebe ist sehr eindrucksvoll, aber der Hass auch. Die Tugend ist sehr eindrucksvoll, aber die Sünde auch. Ich finde nicht mehr durch« (Benn an Oelze, 18.4.1952). Also läßt man die Kirche in Brackwede und bleibt sitzen, wo man sitzt, nämlich da, wo der Mittelweg sogar eine Mittelstraße ist (zwischen Luisenstraße und Detmolder, Nähe Amtsgericht).

Überhaupt läßt sich in Bielefeld leicht entdecken, daß der Zusammenhang von Örtlichkeit und Lebensglück längst nicht so eng ist, wie gerade in den Metropolen gerne geglaubt wird. Man muß bloß eine gewisse Reife erlangt haben, die sich etwa darin ausdrücken mag, daß man, in einer Sommernacht am Frankfurter Mainufer entlangschlendernd, die vorbeifahrenden, von Baßgewummer und Fun-Gekreische umwölkten Partyschiffe betrachtet und denkt:

Versenken.

Dann kann man problemlos auch nach Bielefeld ziehen, wo es nämlich keine Partyschiffe, aber eine Kunsthalle gibt, von der Yoko Ono im Zuge einer Yoko-Ono-Ausstellung gesagt haben soll, es sei dies das »schönste Museum der Welt«, und zwar nicht bloß »nach den miesen, erbärmlichen Gesichtspunkten unserer Zeit u ihren fragwürdigen Massstäben« (Benn an Oelze, 7.2.55), sondern nach denen von immerhin Yoko Ono, der Veronica Ferres der Kunstszene – nein, diese Behauptung ist zu waghalsig, behaupten wir lieber etwas anderes: In Bielefeld kann man sehr gut Kinder kriegen, weil man hier, ganz ungestört von irgendwelchen Szenen, Moden oder Must-Events, ein prima unmoderner Vater sein kann, der die Wochenenden im Tierpark Olderdissen oder auf der Sparrenburg verbringt und der es aus Herzensgrund genießt, daß Amüsierzwang nur noch ist, zum Riesenpudding in die *Dr.-Oetker-Welt* zu müssen. Ein moderner Vater dagegen kauft seine Jeans im selben Laden wie seine Tochter, selbst wenn er schon fünfzig ist, und wenn er mit seinem Sohn einer Meinung ist, dann sagt er: *Hey, gib mir fünf!* Ein solcher Vater stand neulich an einem Nicht-Bielefelder Bahnsteig neben mir, und es war auf eine faszinierende Weise würdelos, auch wenn seine Kinder es okay fanden, aber was verstehen Kinder schon davon.

Pit Clausen würde seine Jeans nie im selben Laden wie seine Tochter kaufen, deshalb ist er auch völlig zu Recht Bielefelds Oberbürgermeister. Pit Clausen, ein Name, den man sich nicht merken muß, aber man hat ja keine Wahl.

Da fällt mir ein, ich muß noch mal bei der Bahn anrufen, das Geld, das der Fahrkartenautomat neulich gefressen hat, ist noch nicht überwiesen, beim Umsteigen in Frankfurt habe ich gleich reklamiert und ein Formular ausgefüllt, passiert ist seither nichts.

Die herzlich sächselnde Dame am Bahntelefon für Automatendefekte hat von dem ganzen Vorgang noch nie etwas gehört, ihr Computer kennt mich nicht. Der revolutionäre Staat, schreibt Lenin, müsse so organisiert sein wie die Post. Er wußte, warum er nicht »wie die Bahn« schrieb, den Anarchismus hielt er nämlich für einen Irrweg. »Die letzte Station der Reise, es wird Zeit, etwas bin ich reise- u. hotelmüde. Aber überall war es schön« (Benn an Oelze,18.4.52).

Und apropos: Neulich wollten wir am Sonntag morgen nach Düsseldorf, Bielefeld Hauptbahnhof ab 8.42 Uhr. Die erste Straßenbahn der zentralen Linie 3 fährt sonntags aber erst um kurz nach halb neun. Wer früher zum Bahnhof muß (oder zum Krankenhaus Mitte), der muß laufen oder Taxi fahren. Hatten wir auch noch nicht erlebt. Bielefeld 21, sozusagen; oder eher 18. »Nicht im Entferntesten ist das zu deuten« (23.9.54).

Manchmal setze ich mich mit der schönsten Ehefrau von allen vor den Fernseher, und wir sehen gemeinsam die *Lokalzeit* im WDR. Die Sendung dauert eine halbe Stunde und faßt die ostwestfälisch-lippischen Sensationen des Tages zusammen; die restlichen dreißig Minuten werden dann mit ausgesucht gemütlichen Nichtigkeiten gefüllt. Nie werde ich den Bericht über den Bielefelder vergessen, dessen Hobby es ist, mit der Taschenlampe loszuziehen und Sachen anzuleuchten. Einem Aufruf im Internet, es ihm gleichzutun, folgten die Einheimischen dutzendweise, und so konnte die Lokalzeit berichten, wie hundert Erwachsene mitten in der Nacht bei fünf Grad minus an den Externsteinen (einer populären Felsformation aus Sandstein im Teutoburger Wald) standen, mit ihren Taschenlampen Kringel draufmalten und also »auf dem sinnlosen Kalvarienweg des Ausdruckslebens« (Benn an Oelze, 25.2.51) ordentlich voranmarschierten.

Und solche Sätze: »Aus der Traum vom angestrebten Verbesserungsprozeß der finanziellen Ausgangslage«, die stehen ja nicht allein in der lokalen *Neuen Westfälischen*. Aber, gottlob, eben auch.

»Oh Deutschland, denk ich Dein zur Nacht ...« (29.8.50). Oder, was schlimmer ist, tags.

»Der Ring schliesst sich, man kann gehn« (28.11.1952). Ginge ich morgen, dann war ich hier nicht glücklicher, als ich es anderswo gewesen wäre, unglücklicher aber auch nicht. Natürlich will ich in Bielefeld nicht begraben sein, woanders aber genausowenig. Jedenfalls noch nicht.

Die schönste Ehefrau von allen kommt vom Telefonieren wieder.

»Ich hab' die Stelle«, sagt sie.

Ich lege den Benn wieder aufs Fenstersims, oben auf den Stapel. Auf dem Heizkörper darunter liegt die alte Zeitung, die ich aufgehoben habe, weil darin etwas über die Rolle Margot Käßmanns in einer Jury zur Bestimmung von »Deutschlands schönstem Grab« o.s.ä. zu lesen war. »Mir liegt daran, daß Individualität möglich ist, auch im Sterben«, hat Käßmann verlauten lassen, die so wenig ahnt, was Individualität ist, wie die Schwachköpfe, die sich eine solche von einer »Freiburger Design-Urne, bestückt mit gläsernen Kristallen« versprechen. Der alte Gedanke der mentalverwandten Käßmann-Schwester Ranke-Heinemann, vor Scham mal aus der Menschheit auszutreten: grad scheint er gar nicht mehr ganz so dumm, sofern es den Teil der Menschheit betrifft, der zwischen Rhein und Oder haust und sich dortselbst dies bieten läßt; und noch so vieles mehr, w.z.b.w.

Benn an Oelze: »möchten Sie lieber Italiener oder

Franzose sein? Ich nicht. Vielleicht Scandinavier, sogar Tscheche, aber Holländer auch nicht« (4.5.55). Doch daß man grad die Sprache spricht, in der soviel erbrochen wird – kein Wunder, sondern Zeichen, daß das gezeichnete Ich vom Bayerischen Platz den Kerngedanken seiner späten Jahre auf französisch formulierte: *Je m'en fiche,* mir doch wurscht.

Ist das ein Fazit? Als armer Tor nun hier zu stehen und, schulterzuckend, so klug zu sein als wie zuvor, um einen weltberühmten, exemplarischen und nämlich auch nicht ganz kopfgesunden Deutschen zu zitieren? Denn daß sich die Dinge, wie sie national liegen, fürs erste nicht ändern werden, ist ja klar; aber eben deshalb haben sie es verdient, hier einmal an- und ausgesprochen worden zu sein, und sei's nur zum Zwecke der inneren Reinigung und seelischen Hygiene, der auch für uns »Berufsärgerer« (Chlodwig Poth) so nötigen Katharsis. »Nun, alles nicht mehr wichtig für mich, sowie es fertig ist, liegt es ja weit ab von mir, wie ein Strauß, den man ins Zimmer stellt« (Benn an Oelze, 7.1.54).

Drum sei auch dies noch rasch notiert: »Weil Papst Benedikt XVI. bei seiner Freiburg-Visite im Papamobil nicht angeschnallt war, ist er bei der Stadt wegen einer Ordnungswidrigkeit angezeigt worden. Einen entsprechenden Bericht der in Dortmund erscheinenden *Westfälischen Rundschau* bestätigte eine Sprecherin der Stadt. Die Anzeige sei am Donnerstag nachmittag eingegangen und werde derzeit bearbeitet. Laut Zeitung hat der Unnaer Rechtsanwalt Johannes Christian Sundermann im Auftrag eines Dortmunder Mandanten ›Herrn Joseph Ratzinger‹

angezeigt, weil er während seiner Freiburg-Visite beim Deutschlandbesuch Ende September ›wiederholt‹ im Papamobil die Anschnallpflicht verletzt habe. Als Zeugen seien der Vorsitzende der Deutschen Bischofskonferenz, Freiburgs Erzbischof Robert Zollitsch, und Baden-Württembergs Ministerpräsident Winfried Kretschmann (Grüne) benannt worden. Sundermann ist laut Zeitung Mitglied der Linken, der *(sic)* mit 18 aus ›der Firma‹, wie er die Kirche nenne, ausgetreten sei. Auch sein Mandant zahle nicht mehr an ›das Unternehmen‹« (faz.net, 25. 11. 2011). Was nicht hindern wird, daß beide beizeiten nebst Ratzinger zu sitzen kommen, denn siehe: »Selig sind, die da geistlich arm sind; denn das Himmelreich ist ihr.« (Matth. 5,3) Ich überlege derweil, welch lustige Botschaft wohl auf dem Geschirr des Hundes steht, auf den die Linke hier gekommen ist – vielleicht »Bellt, beißt nicht« –, und stoße bei der Recherche auf ein dogforum.de:

»Hallo ihr Lieben, ihr wundert euch sicherlich über die Überschrift, aber ich mach mir schon lange Gedanken drüber ob mein *Hund dumm* ist.«

Wir wundern uns aber lieber über nichts mehr; jetzt ist auch mal gut.

»Also gehen wir weg?« frage ich.

»Sieht so aus«, sagt die schönste Ehefrau von allen und schaut, als wisse sie noch nicht, ob das jetzt eine gute Nachricht ist. »Schade um die schöne Wohnung«, sagt sie und sieht sich ostentativ wehmütig in der Küche um, und ich werfe einen Blick auf unser Küchenwandregal, das in diese sandige Wand zu dübeln uns Stunden gekostet hat, und denke: Leben ist Regale anbringen an Wänden, die bloß gemietet sind.

»Auch andere Städte haben schöne Wohnungen«, trö-ste ich, ganz lachender Vagabund.

»Eben«, sagt sie. »Sind wir auch wieder näher an Frankfurt. Und ist ja auch noch ein paar Monate hin.«

Ich verschränke die Arme vor der Brust und sehe aus dem Fenster, das so schmutzig ist, als hätte ich vor Wochen schon gewußt, daß sich Putzen nicht mehr lohnt; was hat man schon von seinem Durchblick.

»*Jene Stunde*«, deklamiere ich dann mit humoristisch gedimmtem Pathos, »*wird keine Schrecken haben, seien Sie beruhigt, wir werden nicht fallen, wir werden steigen!*«

Die schönste Ehefrau von allen sieht mich an, kritisch auf eine Weise, daß es von Liebe nicht recht zu unterscheiden ist.

»Spinner«, sagt sie. Und lächelt freilich.

Das vorliegende Buch enthält Spuren früherer Arbeiten für *Titanic, Konkret* und *The European*. Die diagnostischen Vorsätze sind Wikipedia und dem *Pschyrembel – Klinisches Wörterbuch*, 257. Auflage, entnommen.

Der Autor dankt wahnsinnig:

Jörg Armbrüster, Leo Fischer, Aenne Glienke, Hans Leuschner, Tom Hintner, Gunnar Homann, Tim Jung, Oliver Nagel, Frank Schulz, Svenna Triebler. Und Anna!

Register